れた大統領

マクロンとフランスの特権ブルジョワジー

さらば偽造された大統領

マクロンとフランスの特権ブルジョワジー

ホアン・ブランコ Juan Branco
杉村昌昭・出岡良彦・川端聡子〈訳〉

CRÉPUSCULE

岩波書店

CRÉPUSCULE

de Juan Branco
avec une préface de Denis Robert

First published 2019 by AU DIABLE VAUBERT.

This Japanese edition published 2020
by Iwanami Shoten, Publishers, Tokyo
by arrangement with AU DIABLE VAUBERT,
through le Bureau des Copyrights Français, Tokyo.

このテクストは自らの尊厳を決して譲り渡そうとしない人々に捧げられる。権力や妥協、嘘や利得といったものの誘惑を前にして、譲歩せずに毅然と立ち向かう人々に捧げられる。そして私自身を誕生させた、人々の平等を前提とするこの共和国の理念、より良き世界を希求しながら、今や汚れた手のなかに落ち込んでいるこの共和国の人々に捧げられる。

ホアン・ブランコ

日本語版序文

ある思想を別の言語で構築し、それを共有できるようにすること。妥協、腐敗、暴力、固有名で溢れた政治空間の分析を世界に開示すること。ある世界の現実を別の世界の人々に理解できるようにすること。コード、反応、慣習を共有すること。これが私の著作の翻訳が企てた大きな挑戦である。それに挑んでくれた杉村昌昭をはじめとする訳者たちに私は感謝したい。

これが大きな挑戦なのは、これが立派な伝統を持つ文明の国である日本に、その親密な友好国のひとつであるフランスの「黄昏」を理解する可能性を与えるからだ。フランスがマクロン体制という不条理な権力に支配されていることを日本に理解してもらわねばならないだろうか? 時間の蓄積が醸成したこの副次的現象を、何千キロメートルも離れていて、ここからは霞んでしか見えない日本の人々に理解してもらわなくてはならないだろうか? そう、理解してもらわなくてはならないのだ。なぜならフランスで起きている現象は、世界的な現象でもあるからだ。

いまや政治的なものは地球上のすべての土地で無意味と無関心のなかに沈み込んでいるように見える。そう、この本を読むことによって、あらゆる国の指導者の支配的影響力が空洞化していることを発見することが可能になるだろう。自らの優越性に満たされ、自らの大きな進歩を確信するフランスのような国が、どうしてこれほどの醜悪な状況に沈み込んだのだろうか？　これこそ、この本が提起した問題である。マクロンは、ＬＶＭＨ（モエ・ヘネシー・ルイ・ヴィトン）や通信事業の大株主が昔からの売春斡旋業者やマフィアから転身した連中と結びついた特殊な世界を、自らの大統領としての出現を支える後ろ盾とした。そして彼らが今もマクロンの権力を支えている。この特別な世界に入り込むことは、フィルム・ノワールの描く世界に入り込むことだ。私はこの世界を内側から知る機会に恵まれたが、それを世間に知らせることは死を覚悟することでもあった。しかし希望はあった。私はこうした苦悶の時期を生き延びて、その経験からこの本を書いたのである。こうして書かれた本がみなさんの気に入ってもらえること、そして明日の夜明けをめざす闘士を生み出すことを期待したい。

この本は人間的崇高を求める弁論である。そして、わが国の高級ブランド商品が日本にもかくも広まったことに象徴される、世界の商品化の裏側で起きているさまざまな犠牲に思いを馳せて書かれたものでもある。フランスは今や沈み行く国である。その腐敗とその消費によって沈みつつある国である。しかし日本の古くからの兄弟国フランスは、今、復活を待望している。この本が両国をつなぐ橋となり、明日のわれわれの革命を構築する足がかりとなることを願う。

ホアン・ブランコ

序文

それは二〇一八年一一月初めのことだった。共和国大統領が、モーゼル川に沿った町ポンタ＝ムーソン〔ロレーヌ地方のナンシー北方にある〕への記憶に残る訪問を終えようとしていた。彼はそこで自分の構想する「明日の世界」を「つくり出す」ために、「チューズ・フランス・グランド・イースト」という英語表現を使った〔フランス東部を海外に売り込むための〕シンポジウムを終えることになっていた。私はこの町に医者の友人がいる。その友人は大統領選挙の二回目投票のとき、エマニュエル・マクロンに投票したのではないかと私は思っている。誤解のないように言っておきたいが、私も彼同様、二回目投票では漫然とマクロンに票を投じた。さて、いつも右派に投票すると私が推察しているこの医者の友人が、数日後、長いメールを一〇枚ほどの興味深い写真とともに送ってきた。その写真にまるで毒ガスで窒息死したかのようなこの町が写っていた。通りにはひとっこひとりいないのだ。デュロック広場は完全に閉鎖され住民が近づけないようになっていた。シンポジウムが開かれていたプレモントレ僧院も同様で、そのなかではシンポジウムの五〇〇人の招待客、ネクタイをしめたエリートや行政幹部たちが分類され持ち物検査をされていた。この日の午後、この町は麻酔をかけられていた。

住民は遠ざけられた。エマニュエル・マクロンのいる場所から直径一キロメートルの円の内側には、自由な生きた住民はたったひとりもいなかった。そこには鉄製の柵、憲兵、共和国保安機動隊(CRS)しか存在せず、彼らは川の土手に沿って駐車した数十台の車のなかで待機していた。その日の夕方はテレビが、そして翌日は新聞が、住民を邪魔者扱いしたことにはいっさい触れることなしに、大統領の訪問の成功を報じていた。医者の友人は、「こんなの見たことがない。狂っているとしか言いようがない」と、大統領が自分に対立する者に対してとる態度への歴然たる恐れを表明していた。

それは一一月五日のことだった。黄色いベストはまだライトバンのトランクのなかに折り畳まれていた。ホアン・ブランコは自身のブログに書き込んだ『黄昏』〔本書の原題〕の原稿に最後の手直しをしていた。

一週間後、黄色いベストは、まずソーシャル・ネットワーク、ついであちこちのロータリーに姿を現しはじめる。ディーゼル車への燃料税は貧しい人々の抗議を引き起こす。金持ちは姿を隠す。国は分断され、権力は身構え様子見する。メディアのコメントは、姿を現し根付きかけているこの運動をこぞって過小評価しようとする。最上位のフランス人と下位のフランス人との隔たりが大きくなり、やがて底知れぬほど大きくなる。その真ん中に深淵が口をあけ、それを中間的諸団体や政治的雑談の好き者たちが埋めようとする。しかし誰も埋めることはできない。中間的諸団体はエマニュエル・マクロンと彼の党《共和国前進》によって粉砕されていた。メディアは権力に対して根っから甘く、この反乱に対する無理解を隠蔽するために曖昧な理屈を垂れ流していた。医者の友人の送ってくれた写真が私の頭をよぎった。自国の民衆から身を隠すことに汲々としている大統領は、人を欺き人を恐れる大統領なのだ。これ以外にどんな説明ができるだろうか。

ホアンとはそれまでフェイスブックを通じた関係しかなかったが、彼は自分のテクストを読んでほしいと私に送ってきた。私はそこに書かれていた次のような黙示録的言葉にいささか嫌気がさして、すぐには読まなかった。「この国は憎悪と暴力が根を下ろし、あちこちで痙攣を起こしている。この、マクロン体制の内発的原動力をめぐる調査は、二〇一八年一〇月に書かれた。権力の、ややもすると見過ごされてきた憎悪と暴力のよってきたるゆえんを説明しようとするものだ」。こういった物言いはよくネットの文章に見られるものだ。しかし晦渋な文体、文の長さ、そのうえパソコンの画面で読むしんどさなどにもかかわらず、文章の調子のなかに何か私の関心を引きつけるものがあった。ホアン・ブランコは自らの主題を熟知しつつ、冷静な目で見ようとしているように思われた。そして私はこれを資料として保管することにした。

私の周りには、黄色いベストの運動を過小評価する友人、ジャーナリスト、隣人、親戚などがたくさんいる。フェイスブックは炎上しているが、「主要」メディアは相手にしていなくて、デモ参加者をせいぜい「変わり者」とか「うんざりさせる連中」(ジャック・ジュリアール)とこきおろしている[1]。もっとひどいのになると、「顔を隠したごろつき野郎」(パスカル・ブリュックナー)とか「警察とやりあいたいだけの極右・極左の卑劣漢」(リュック・フェリー)、あるいは「怨念に取り憑かれたけちでちっぽけな略奪集団」(F・O・ジースベール)といった形容もある。毎週土曜日、大統領が姿をくらましているのに対して、黄色いベストはしだいに大きな空間を占拠しはじめている。私の話し相手たちは、メディアのコメントを持ち出して、街頭での暴力に恐怖心を表明したり、組織の不在や明確な要求がないことを批判したり、黄色いベストを極右と同一視したりしている。こうした推論は、私から見ると、視野狭窄で単純な見方であり、結局のところ何の根拠もない。彼らは未知のものに対する恐れ、反乱の蠢動に対する恐れを表明しているに過ぎないのだ。

私は、大金持ちが事業銀行やお抱え弁護士に支援されて国家財産を略奪するやり方を説明した調査本を刊行したところだった(2)。私は、拡大する不平等、経済における金融の優位、中流階級の貧困化といった問題をめぐって熟考し、本を書き、資料を作成してきた。わが国のような豊かな国がどうしてかくも貧困を生み出すのか？　私はソーシャル・ネットワークにおいても公開討論においても黄色いベストの立場に立つ。彼らは有効かつ重要な反乱を体現している。彼らは過剰や過ちもあるがわれわれに名誉と誇りを取り戻させてくれる。その頃私はしょっちゅう次のように言われた。「君は『黄昏』を読んだかい？　ホアン・ブランコがメルメにインタビューされたビデオを見たかい？(3)」。二〇一八年一二月末の夜、私はこのビデオを見て、この本も読む。まずビデオで冷静ながら熱情的に語る若者を見る。彼はしっかりとした思想に基づいてマクロン体制に対する独自の説得力のある批判を展開している。ついで私は『黄昏』に没入する。読み終えたとき疲労と興奮が私を襲う。この原稿を手放すことができない。脱線や誇張もあるが、マクロン体制とは何かをこれほどまで子細に調べ尽くした確かな話を読んだのは初めてである。ここではマクロン体制は民主主義の輝きをまとったペテンとして立ち現れている。

マクロン体制はヒューマニズムでもなければイデオロギーでもない。それは『黄昏』を読めばわかることだが寡頭制に他ならない。それは先立つ二期の大統領が失墜したあと、いかなる大統領と気脈を通じるべきかわからなくなっていた(大)ブルジョワジーの既得権益の保存と最大化のシステムである。

ブルジョワジーが自己保存のためにどんな大統領がいいか考えあぐねていたとき、エマニュエル・マクロンがお誂え向きの人物として現れたのだ。彼は大衆を征服した。彼は波に乗っている。彼ならエリートによる民衆支配を強固にし永続化することができるだろう。彼は利権に貪欲な古典的専制君主とはちがって自らを富ませ家族だけを富ませるというようなことを追求しないだろう。しかし彼はしたたかだが従順でもあって、自分のカースト、自分の友人、彼が権力を勝ち取るために彼を支援した人々のために働くだろう。彼はそうした人々の利益を維持し拡大しようとするだろう。マクロン体制はこうして入念にしつらえられた近代的でハイテクな独裁政治の形態なのである。開明的独裁政治と言えなくもないが、いずれにしろ独裁体制にはちがいないのだ。

それだけのことか？　そう、それだけのことだ。

ホアンは自分のブログのテクストにしょっちゅう手を入れているが、最初の草稿は二部構成になっている。一〇〇ページほどからなる第一部はエマニュエル・マクロンの権力奪取についてのモノローグである。第二部はそれより短くて四〇ページほどだが、国民教育・青少年省の新しい副大臣であるガブリエル・アタルの肖像である。そして全体を貫くのは、この若き大統領とその腹心たち(ガブリエル・アタルはそのなかで世間にあまり知られていない人物)の未来に待ち受ける「黄昏」というイメージである。このテクストはネット上で大きな反響を呼ぶ。ホアンはすぐにソーシャル・ネットワークのスターとなり、ビデオやフェイスブック、ツイッターなどでの発言が増えていく。一二月末には、彼のテクストのダウンロードは一〇万回を超え、彼の登場するいくつかのビデオの視聴は二〇〇万回にのぼる。

私とホアンは短い期間だが手紙のやりとりをした。私はホアンに、読者を想定しながら、テクストを書き足し、濃密化し、読みやすくするように促した。彼をジャーナリスト的・啓蒙的な仕事をするようにアドバイスするとともに、出版社を探すことを提案した。私は何の計算もなしに、生成途上のこの原稿に書かれていることに魅入られてそうした。私はマクロン体制の奥深い諸関係をこれほどまで説明し尽くしたものを読んだことがなかった。メディアがエマニュエル・マクロンを売り出したことがよくわかった。私はマクロンがグザヴィエ・ニール〔フランスのインターネット・サーヴィスやIT業界に君臨する実業家〕と親密な関係にあることはあちこちで読んで知っていた。パパラッチの女王ミミ・マルシャン〔『パリ・マッチ』やスキャンダル写真ジャーナリズムを掌握する女性実業家〕がマクロンの大統領としてのイメージづくりを一手に引き受けていたことを知って驚いたことがあった。ブリジット・マクロンがベルナール・アルノー〔ルイ・ヴィトンやディオールのCEOとしてファッション業界に君臨する実業家〕の企業がつくった服しか着ないことを知ってはいた。しかしこれまで、こうした事実とホアンが語る別の話とを結びつけて考えることはしたことがなかった。

私はテレビや新聞の論説で、エマニュエル・マクロンの青年時代と知性についての賛辞を何気なく聞いたり読んだりするというぬるま湯に浸っていた。私は情報のハッチを閉じていた。私はうたた寝していたのだ。私はいずれ熱湯でやけどすることがわかっていないあの蛙たちのようなものだった。まったく情けない……。

黄色いベストはわれわれの目を覚まさせた。そしてホアンは、国家機構のなかにおける彼の経歴と立場、その若さと《共和国前進》のリーダーたちとの関係を通して、われわれの眠っていた意識の覚醒に寄与する。ホアンはわれわれにマクロン的なものとは何かをよりよく把握することを可能にしてくれた。そして生まれつつある恐怖《オルール》について教えてくれる。

――「オルール《恐怖》ではなくオロール《夜明け》ではないのかい？」

――「いや、オルールだ」

――「ふざけているのか？」

――「マクロン政権が提案しているもので支持できるものはひとつもない。恐るべきことは、経済的・税制的計画そのものだけでなく、それをコーティングして世間の目をごまかすやり方だ。だから階級闘争が姿を現し始めている……」

ホアン・ブランコは侵入者であり「インサイダー」である。彼はエマニュエル・マクロンと彼を取り巻き鼓舞する三〇歳代の連中の君臨を内側から語っている。彼らはみな同じプロフィールを持っている。すなわち、強欲、すさまじい野心、「民衆」への思いなどいっさい持ち合わせていない滅菌された思想の持ち主。彼らには「民衆」という概念すらない。この言葉は彼らの辞書から駆逐されているのだ。「彼らは腐敗したのではない。元々腐敗していたのだ」と、ホアンは気取ってはいるがリアリズムを伴った仕方で書いている。彼らのやり方とコミュニケーションの仕方を見ると、ホアンが正しいと思わざるを得ない。

ホアンは二九歳である。ホアンはオーレリー・フィリペティ［緑の党を経て社会党に入党し、二〇一二年フランソワ・オランドの大統領当選とともに文化・通信大臣となった女性政治家］が大臣になり彼を首にするまで、彼女の最初からの顧問であった。立場上、彼はテレビ局や新聞社のボスたちと席を共にした。彼は《共和国前進》の同調者やグザヴィエ・ニールに勧誘された。ホアンはエコール・ノルマル出身だが、パリのエコール・アルザシエンヌ［エリート養成学校］も出ていて、ガブリエル・アタルと同じ学校経歴を持っている。アタルがサルコジ主義者から社会党員になり、今ではマクロン主義者になっていることを彼はよく知っている。このアタルが大統領哲学［大統領捏造体制］の一種の精髄である。ホアンがアタルについてしている描写は冷徹であり、それがこの本の起爆剤になっている。この身なりのいい二九歳の副大臣は、政治的空虚と自由進歩主義の大勝利を完璧に象徴している。この前のめりの近代主義は社会全般の利益という思想を排除し、気遣いなどまったくしない。どこでもない場所への前進、個人の勝利、三〇歳でロレックスを身につけ、最新のスマートフォンを持つこと、こういったことだけが彼らにとって重要なのである。

これは座礁しないことだけを目指す政府、秘められた過去の約束から成り立っている政府の物語だ。ブランコの書いていることを読んでいると、裏切りの姿が見えてくる。そう、裏切りの不実な姿であり、政治的欺瞞だ。「フェイクニュース」について規制しようとする大統領自身が巨大な「フェイクニュース」の産物なのである。すべての人々の幸福のために働く大統領としての自らの未来を夢想しながら起床する超知的な田舎の青年の物語というフェイクニュースだ。ブランコの文章を読むと、物語はもっと陰鬱で、興味深くはあるが隠された秘密があり、カオス的で危険を孕んだものでもある。そして黄昏がやってくる。

エマニュエル・マクロンはこの物語のなかで世論操作の産物として浮き出てくる。この本の適切な論証、出所のはっきりした事実説明のおかげで、かりにマクロンがいかに優秀であるとしても、息切れしかけている寡頭制（オリガーキー）システムの大統領候補者であることが暴露される。この寡頭制は自らのショーウインドーを見つけて「物語を捏造」でもしないと消滅するのではないかと恐れていたのだ。

この政治のシナリオ化のまぎれもない表れとして、二〇一八年一二月一〇日の例をあげよう。その夜、黄色いベストによる危機の真っ只中で、マクロンは周到に準備されたテレビ演説のなかで、すべての雇用者は極力、賃金生活者に年末手当を支払わねばならないと告げた。そしてこの手当に税金はかからないと。大統領は黄色いベストの怒りに追いつめられて、企業家に向かってアピールを発したのだ。「私を助けてくれ」と。そして一一日の朝、今度は、アルティス、フリー、LVMH、オランジュなどの企業のCEOが、それに符節を合わせたように、「国民連帯のために必要な措置」と銘打って、従業員ひとりにつき一〇〇〇ユーロを出すと告知した。パトリック・ドライ［アルティスの創立者］、グザヴィエ・ニール、ベルナール・アルノー、ステファン・リシャール［オランジュのCEO］という、エマニュエル・マクロンの四人の主要なサポーターがいち早く声をあげ、他にもそれに続く企業家がいた。もちろんすべてはあらかじめ仕組まれていた。すぐに対応しいくらかのキャッシュを放出するために、マクロンの友人と選挙キャンペーンのスポンサーが名乗り出たということである。そうとしか考えようがない。

二〇一八年末の時点で、フランスの主要銘柄株の株主に四七〇億ユーロの株式配当が分配された。ベルナール・アルノーの富は二倍に跳ね上がり、マクロンは連帯富裕税の維持にストップをかけている。マクロンは自分の選挙キャンペーンに資金援助してくれた連中、いわば彼の家族にそれを約束していたのだ。彼らは七五〇〇ユーロの小切手を切ることで、彼らにとってより有利になる税の「公正」を要求していたのだ。そしてこの年末、奇妙なパラドックスが起きた。フランスでぎりぎりの生活をする貧困者の数が九〇〇万人を超えたのである。

大統領の友人たちは、黄色いベストの圧力で少額の寄付を行なったということだ。国家は国家で、毎週土曜日にロータリーに集まる人々が街の中心部に近づくのを警戒して、警察に新品のフラッシュボール［硬質のゴム弾を発射する武器で、被弾すると重傷を負う恐れがある］を与えるとともにボーナスを支給する。そしてその後、破壊活動防止法を成立させ、過剰な弾圧も容認されることになる。

私は昨年末から今年の一月にかけての時期を利用して、出版関係の私の友人たちと食事をしながらホアンのテクストを読むように誘った。私には自信があった。ホアンのフォロワーは増え続け、書店は『黄昏』の電子版の文学性に富んだ内容に夢中になった。私は出版関係の友人たちにテクストはさらに改良・充実されるだろうと伝えた。これは極めてフランス的な風刺文学の伝統を引くもので、有用な作品だと説明した。かつて予算大臣をしていたクリスチャン・エケールが、当時経済大臣だったエマニュエル・マクロンが大統領キャンペーンを打ち立てるためにいかに経済・財務省を悪用したかを語った本(4)以降、この大統領がどこから来たのか、彼がどのようにして成功するにいたったのかを、これほどの精確さをもって追及した者はひとりもいない。ところが、私は五つの出版社から拒否された。どの出版社も最初はおおむねポジティブな反応を示した。しかし出版社の組織のなかでこの話が上に上っていくと、話が壊れていくのだ。インターネットで数万の読者がいるにもかかわらず、また黄色いベスト運動の勃発とホアンのテクストとが明らかに関係しているにもかかわらず、いかなる大手出版社もこのテクストを本として刊行するリスクを受け入れようとはしなかった。理由は明らかに司法的判断によるものではなく政治的判断によるものだった。奇妙な巡り合わせで、二〇一九年一月九日、《共和国前進》のスポークスウーマン、オロール・ベルジェが、ホアン(ならびにジャーナリスト、トマ・ゲノレ)を憎悪と暴力の教唆の廉で告訴すると発表したが、それと本の話とは必ずしも関係がないだろう。このイヴリーヌ県選出の女性議員は『パリ・マッチ』で次のように述べていた。「脅迫する者、殴る者、威圧する者などよりももっと悪質な者は、わが国において暴力を正当化するために人々の精神を武装させる者である」。

ホアンの原稿の拒否とホアンに対する攻撃は私をひどく落胆させ、私はある友人と一緒に個人的に出版することを考えたが、ちょうどそのとき二つの独立系の出版社が熱烈にコンタクトしてきた。

読者諸氏がいま手にしているもの、このいずれ訪れるであろう体制崩壊のクロニクルは、短期間に熟成した果実である。これを読めば、この大統領がどうして、なぜ民衆をこんなにも恐れているのか、また自分自身と自分の友人たちの評判を救済するためになぜこれほどまで警察に頼るのかということが、よりよく理解されるだろう。この[二〇一九年]二月末の現在、マクロン主宰のミサが討論のかたちでテレビのスクリーンを占拠している。しかしホアン・ブランコの本を読むと、そのミサの終わりは不可避であると思われる。私は「そうであってほしい」という言い方をすべきかもしれない。確信は持てないからだ。『黄昏』の著者とはちがって、私は体制崩壊そしてエマニュエル・マクロンの解任が、今この国を揺さぶっている紛争への唯一の解決策、最良の解決策であるという確信を持てないでいるのだ。

税金政策や経済政策が、すでにありあまるほどの富を持つ支配的な上位階級を優遇するためにこれほどまでに構築され、売り渡され、捏造されたことはない。反権力メディアや信頼のおける対抗的な政治的提案の不在は絶望的なまでになっている。われわれは眠らされ騙されてきたのだ。われわれは従順な有権者であり過ぎた。しかし今出現しつつあるのは世界の終わりではなく、世界の衰弱、世界の夜なのだ。それは世界の喧噪、世界の無秩序、世界の混乱といったものに過ぎない。最悪を信じることはない。夜明け、静寂、沈黙、そして正義を期待しようではないか。決意と明晰をもって立ち上がる人間の出現を待望しようではないか。

ホアンから導き出される流血を伴わざるを得ない革命の必然的な暗いビジョンとは逆に、いくらかの時間と希望は残っている。独立系のオルタナティブメディアのなかだけでなく「主流」メディアのなかにも、マクロン体制を調査し続けているジャーナリストはいる。黄色いベストを企業経営者の怨念の瓦礫の下に埋めようとする大きな流れをひっくり返そうとするジャーナリストもいなくはない。

この本はマクロンについて普通に書かれ読まれている本とは異なる。マクロンをエリゼ宮［大統領官邸］に運び込んだ人々、そして虚空に向かって前進する共和国に癒着して贅沢に暮らしている人々について普通に書かれた本ではない。この本の作者は決然たる勇気を持って裏切りをわが身に引き受けた。ホアンはサンジェルマン・デ・プレに住んでいる。彼は自分の出身階級、自分の先生、友人たち、高等師範学校やパリ政治学院の仲間たちと関係を断った若きブルジョワである。彼はこの一年近くRSA［活動的連帯所得手当＝低所得者への援助金］をもらって生活している。そのことを彼は非難されるかもしれない。しかし彼は以前の生活や銀行からの給与を断ち切り、この仕事を自分自身のために、そしてわれわれのために企てたのだ。彼はあらかじめ何かをたくらんだのではない。ある朝起き上がって書き始めたのだ。あえて危険を冒したのは、何もかもが耐え難く思われたからだ。

『黄昏』は退廃した権力の暗い相貌を明るく照らしてくれる。それがこの本の逆説だ。この本はなによりも明晰にものを見ることの実践なのである。

ドゥニ・ロベール

目次

文中の〔　〕は訳者による注記、《　》は政党あるいは政治運動名を示す。

第一章　奪われた民主主義

1

この国は憎悪と暴力が根を下ろし、あちこちで痙攣を起こしている。この、マクロン体制の内発的原動力をめぐる調査は、二〇一八年一〇月に書かれた。権力の、ややもすると見過ごされてきた憎悪と暴力のよってきたるゆえんを説明しようとするものだ。

この調査は、闇に沈む民衆へのオマージュである。その深遠さを勝手な想像で卑劣なものと取り違えたエリートを痛い目に遭わせる時がきている。

この国に蔓延し、支配層を自らの利益の奴隷にした腐敗、縁故主義、内婚制のネットワークを、このテクストは必ずや暴いてみせる。

これから私が書き連ねることは、すべて調査の結果であり、内容は詳細に確認されている。明かされるのは、民主主義における重大なスキャンダルである。すなわち、ごく少数の者が権力を手中にし、何の遠慮も臆面もなくその権益を身内のあいだで再分配する手段を確保しているという事実である。

その当然の見返りが、最近われわれが目の当たりにしてきた暴力の爆発である。

では、この暴力について誰が説明を求め、誰が説明するのか。馴れ合いが染みついてしまったインテリたちは、現実を解明する役目を担うべきであるのに、情報の取引に魂を売り渡してしまっている。そこでは秘密の保持が真実の暴露と同等あるいはそれ以上の価値を持つ。

このスキャンダルは、われわれにそれを語るべきはずの人たちには知られているにもかかわらず、今まで書かれたことも明かされたこともない。その人たちとは誰か。自分たちの職務を遂行することよりも、自分たちが統制しなくてはならないのに、逆に自分たちを買った相手と親密に関わりあうことに満足する人たちである。マスコミの九〇パーセントを数人の億万長者が握っている国では、真実を暴露することは厄介なことになった。真実は分断され泥まみれにされて、言葉にできず、聞き取られることもなく、集めて形にするのも政治的に不可能になった。この腐敗によって、リーダー層も庶民も現実を把握して俎上に載せる能力を失い続けている。

そして民衆はついに立ち上がった。

2

われわれは奈落の底へ向けて走っている。大統領選挙から一年半も経たないうちに、二人にひとり(5)のフランス人が大統領の辞任を望んでいる。何度も行なわれるありふれたアンケートの結果からわかることの重みを見極めるべきである。大討論会［マクロン大統領が黄色いベスト運動を受けて全国で開催した国民との直接対話」のようなプロパガンダ活動の繰り返しに影響を受け、国民の気分やデータが変動する点は脇に置いて、アンケート結果が言わんとするところを考えてみよう。二人にひとりのフランス人が共和国大統領を好意的に思っていないらしいということではない。そうではなくて、これまで現行の政治体制を支持していた圧倒的多数のうちの二人にひとりが、数カ月前にはこぞって認めていた体制の打倒を望んでいるということである。

大統領がメイクで覆った手まで震わせるほどに。(6)

選挙が民主主義的なものとして、国を統率し改革するのに必要となる強力な基盤をその勝者に与えるためのすべての条件を、形式上、エマニュエル・マクロンは遵守したと思われるのに、この異常事態をどう説明すればよいのだろうか？

インテリたちが答えを用意できずにいる疑問がここにある。大手メディアのジャーナリスト、論説記者は、自由を買われ続けてその奴隷となってしまった体制の一部をなしているため、現実世界について発言したり、説明したりすることができなくなった。街頭から、あるいは政権側から発せられる言葉に対してのコメントに終始し、気付かないうちに自分で理解することも自説を唱えることもしなくなった。

そのため、国民の誰も次のような明白な事実を知ることはなかった。つまり、エマニュエル・マクロンが民主主義のシステムを遵守したのは単に形式上に過ぎず、ジャーナリストや論説記者はこの事実についての最初の共犯者であったということだ。他方、当時から多数の人が感じ取っていた非合法性には、それに相応する現実が明白に存在していた。

厳しい言葉を使うが、それが本テクストの目的であり、それだけの理由がある。われわれがこれから象徴的に打ちのめそうとしている人物は、まさしくわれわれの主権を犠牲にして権力を手にした。「冒瀆された」主権を犠牲にして。

エマニュエル・マクロンへの辞任要求は、なんら反乱に値するものではない。マクロンが政権を握ったことでなんらかの〝政治的な〟不調和が生じ、この人物と対峙する意味さえも、また政治的次元における対決の可能性さえも変わってしまった。民主主義と共和政の原理の冒瀆によって、われわれが同一の集団に属し、政治規則を共有しているという考えまでもが損なわれたのである。

3

メディア、政党などの組織は、世の中を根底から覆そうというフランス社会全体に広がった要求を公式に伝えることはなかった。数カ月間、騒々しいだけのテレビ番組のゲストに招かれ子ども扱いされていた黄色いベストを除いては、この重大な要求を誰も取り上げることはなかった。代議制民主主義、自由主義の社会において、国民の意思を伝えるのはまさにメディアと政党の役割だというのに。軽視したり、距離を置いたり、性急な判断を下すことなく、抑制のとれた媒介役となり、大事に至らないように周到に備えるべきであるのに。

「体制崩壊」に至らないように。

多くの人に共有されている考えを代弁できる制度的な手段がないならば、われわれの体制の原則は侵され、暴力が生じる。

二〇一八年一一月一七日以来この国を席巻したことは、このように説明できる。普段から国民の大多数の発言を即座に退け軽視しているにもかかわらず、代議制民主主義を名乗ろうとする体制をどうして存続させることができるのか。競争力・雇用創出のための税額控除制度（ＣＩＣＥ）の財源とされる燃料税［「黄色いベスト運動」はこの増税が発端となった］、非累進的課税［フラット・タックス：累進課税とは異なり、税率を一律にする税制。税収を増やすことが目的とされている］の導入、富裕税［ＩＳＦ：純資産に課税する税制で、富の偏在を是正することが目的。フランスでは一九八二年のミッテラン政権下で施行されたが、その後の社会党政権によってなし崩しとなっていた］の廃止、その他数えきれないほどの目くらましの税制措置によって巨額の所得移転がなされ、その受取人はマクロンの大統領選出に貢献した一握りの人々で、圧倒的多数の国民はその犠牲になっているというのに。権力から遠ざけられている人々の利益を守るために養成され、報酬をうけ、政府中枢部でそれなりの職位に就いている者は、誰ひとりとして立ち上がらないのに。誰も扱おうとせず、覆い隠そうとしてきたこのパラドックスは根深い機能不全のしるしであり、失敗の明らかな証拠である。(7)

政党、インテリ、専門家、メディアのすべてが口をつぐんだ。なぜなら、私がこれからそれを裏付けようとしている、寡頭支配体制と呼ぶものの罠にかかっているからである。つまり、公共の場が国家に直接、あるいは間接に依存して築かれた莫大な資産を持つ個人に支配されているということだ。資産家はメディアを支配下に置くために財産の一部を投資し、メディアを骨抜きにして勢力を削ぎ、公共の利益を犠牲にして自分たちの利益を確実に守るように圧力をかける。

この資産家たちと私は会って、話をし、付き合った。

見識を持った市民なくして民主主義は存在しない。知る手段を持たない主権も存在しない。自由をチェックする代表のいない自由も存在しない。

自分のことしか頭にない少数の個人が情報を「独占」していることにより、市民生活はゆがめられ、現実的なちょっとした規則違反の可能性もことごとくつぶされ、教育機関も崩壊した。教育機関は特権階級を再生産し、将来は親の財産を継ぐ現代版王侯貴族を招き入れるだけになった。彼らは、非情で根拠のない能力主義(メリトクラシー)という言葉を盾に、彼らを守り養成するグランゼコール[エリート養成のための高等職業訓練学校の総称。本書で批判されるパリ政治学院(シアンスポ)も含まれる]へ通う労働者の子女は一パーセントに過ぎないという現状にあっても、なお自らを正当化している。

民主主義は私利私欲に占拠されている。われわれは自らの解放のために自らを組織化する目的を掲げながら、実のところ任意に操作可能なアルゴリズムを使用し利益創出のみに価値を置くＩＴプラットフォームの囚われの身となった。

われわれは主権を取り戻そうとして、フェイスブックのような広告プラットフォームの手中に落ちたのである。これが行き着いた場所である。

それでも、われわれはこのプラットフォームにしがみついた。しかも勢いよく。そしてそのおかげでわれわれは公共の場に姿を現した。それまで耐えてきた息苦しさに見合う勢いで。

一〇人ほどの死者と数千人の負傷者、逮捕者を出しながらも、ジャーナリスト、議員といった仲介者から解放された歓びの声を受けて態勢は新たに打ち立てられた。これら仲介者は社会の利益を守るべきなのに、この新たな波に自分たちがさらわれるのではないかと怯え、自分たちのボードゲームを再開することに執着し、何百万人もの人々が毎日のように影響を受けている暴力に無関心でいた。

このテクストは内側から目撃した明白な事実を明らかにしていく。それはエマニュエル・マクロンが、選ばれて与えられた地位よりも「さらに上の地位」を与えられているという事実である。マスコミはというと、この件に関して共謀してきた。それは自身も恵まれた地位を与えられていながら減量療法を受け続け、その地位を失う恐れから、独立を求めて泣き言を並べ続けるが憤慨はしない者にありがちの行動である。どんどん小さくなっていく金魚鉢に閉じ込められた金魚のように。

多数の国民を駆り立てた怒りと大統領解任の要求はこのように正当化される。


これから行なう立証は裏切りがもたらすものである。馴れ合いと嘘と裏工作のもつれを明かしつつ、最初に吊るし上げたいのは私にポストを与えようとした人たちである。その人たちが捨てた理念の名において。

その理念とはラテン語で〈Res Publica〉、すなわち国民共通の利益であり、私を育ててくれたもの、そして捨てることなどできないものである。

二〇一二年、オーレリー・フィリペティの閣僚ポスト就任が決まり始めていた頃、私は彼女の第一顧問を六カ月間務めていた。そのあいだ、インターネットに管理機関を設けることになるＨａｄｏｐｉ法［インターネットにおける著作物の頒布及び権利の保護のための高等機関に関する法］の廃止を担当した。大統領選挙の公約リストになんとか同法の廃止を入れることになっていたが、選挙戦の真っ只中になってロビイストが陰謀をはかり、オランド候補に公約の取り消しを迫った。このとき、私は辞任を申し出たが認められなかった。〔フランソワ・オランドが大統領選挙に勝利した〕二〇一二年のことである。この選挙戦では、のちの大統領がブレインたちに向けて「ポスト欲しさでここにいるのはわかっているから安心しなさい」と言うのを耳にしたが、いま振り返るとそのときの経験が出発点になっている。裏切りによって腐った権力と利益が生み出されるメカニズムを内側から見ることができたのである。

この閉鎖的特権階級の中心部で雇われたことで、TF1〔フランスの民放テレビ放送局〕の二〇時のニュース番組の企画構成を取り仕切るメカニズムを目の当たりにした。フランス・テレビジョン〔フランスの公共放送を担う株式会社。政府が一〇〇パーセントを出資〕の大統領インタビュー、政治的類似性や寡頭制との親密度に応じて決まるジャーナリストの指名・採用のメカニズムも。記事の掲載・非掲載を決めるメカニズム、政治の中枢部を揺さぶるようなことは情報の取引の場に流さないようにするため、あらゆる段階で行なわれる妥協と再分配のシステムも。そして、自分たちの利益になるように使い分けられる仮面も。

私はのちの文化大臣〔オーレリー・フィリペティ〕が呆然としている傍らで、テレビ局の経営者一団を聴聞したことがある。TF1のノンス・パオリーニ社長、カナル・プリュス〔フランスの民放テレビ放送局〕のベルトラン・メウー社長、フランス・テレビジョンのレミー・フリムラン社長の鼻先に人参をぶら下げてHadopi法の文化的例外条項を交渉したときで、二二歳の若造が三社のトップに説明を繰り広げるのを彼女は心配そうに黙って見ていた。

このメカニズムの内側で、私の歳では考えられない場所に身を置いて、国際刑事裁判所検事がアフリカの専制君主や大統領府顧問にぺこぺこする姿を目にした。そしてこの世界の支配者が強大化し、権力が生まれて成長し、汚点を隠して人の上に立とうとする姿を見てきた。寡頭制の構成メンバーを前に、私は自分自身が吸い取られていくのに身をまかせ、彼らの利益のためだけにつくられた駒になっていたが、やがて自分までも汚される姿を見なくてすむようにキャリアを捨てた。

まさにこの位置から、エマニュエル・マクロンがどのように「民主主義的奪取」を実行したかを語ろうと思う。その出口は過剰なまでの体制の権威主義的硬化か崩壊しかあり得ない。

4

二〇一七年一〇月二日。パリ、ヴァンドーム広場は閉鎖された。司法省の向かいで国家の一大イベントが行なわれた。

大統領の親友が服飾店の新店舗を披露したのだ。

フランスで一位、世界で四位(8)の資産家は世界最大の高級品ブランドグループを所有し、カルフール［パリに本社のあるスーパーマッケット・チェーン］の第三位株主であり、数えきれないほどのメディアと事業体を率いている。その名はベルナール・アルノー。七年の歳月と五〇億ユーロ近くをかけたプロジェクトの落成を祝った。

五億ユーロ以上の税控除(9)を得て建設されたフォンダシオン・ルイ・ヴィトン［ブローニュの森にある美術館］から数キロメートル、LVMHグループ［「モエ・ヘネシー・ルイ・ヴィトン」の略称で、パリを本拠地とするコングロマリット］の営業利益の半分を計上する稼ぎ頭ブランドの旗艦店舗が、パリのど真ん中に開店した。両隣にも豪華な館が並ぶ四階建ての建物は、現代性も取り入れたヴェルサイユ風の魅力で大金持ちの顧客を迎える。ガタがきている司法省庁舎の向かいに、金色に輝く巨大な太陽のオブジェが設置されたが、これは歴史的建造物に関する法律に違反している。取り計らいがなされたに違いない。

ブリジット・マクロンは公の場に姿を現すとき、決まって友人ベルナール・アルノーが所有するブランド製の服を着ているが[10]、今回は出席を見送った。しかし二〇一七年六月二九日、国を挙げてスタートアップを支援する施設として建設されたスタシオンF［世界最大といわれるインキュベーション施設］の開所式がパリで行なわれた際は、夫と並んで出席した。アルノーの娘デルフィーヌ・アルノーと婿グザヴィエ・ニールの姿もあった。大統領夫妻以外にも、ドナルド・トランプがフランスのために催した晩餐会で共和国大統領と同席したメンバーが、パリで最も豪華なホテルであるホテル・リッツの冬の間で再会し、制服姿の執事にもてなしを受けている。リッツの真ん中で、世間の目を逃れ、強化された護衛のもと、アルノーが目配りをしつつ婿[11]と娘とともに近親者を迎える姿が見られた。この三人は財産を持ち寄り、国から厚意的な支援も受けてヨーロッパで最有力の家族になった。一〇〇人ほどのえり抜きの招待客が集まった。

ミスキャストで私もそのひとりとなり、女友達と同行した。

グザヴィエ・ニールと会ったのは初めてではなかった。その三年前、インターネット・プロバイダー会社フリーの社長である彼に招かれマドレーヌ広場へランチに行ったことがある。重要な職務に就かせようと考えている若者を普段からこうして招いているのだった。当時私は二四歳でイェール大学の外国人講師をしていた[12]。調査で中央アフリカ共和国に滞在したあとパリへ立ち寄り、ジュリアン・

アサンジという人物に初めて会う予定をしていた。スケジュールは詰まっていた。大使から権力者まで、会うのに忙しかった。『ル・モンド』〔フランスの高級日刊紙〕編集長ナタリー・ヌゲレドともその夜に会うことになっていた。この日のランチに私を招いたグザヴィエ・ニールに編集長の座を追われることになるとは彼女は知る由もなかった。

面会はたいして面白くもなかった。私はニールにおおいに好奇心を抱いていたが、彼は義理の父と最悪な関係にあることを信じこませようとするばかりだった。自分の価値観に忠実であり続ける「アウトサイダー」のイメージを保とうとしていたが、妻デルフィーヌ・アルノーとの関係によってそのイメージは台無しだった。それを修正しようと躍起になっているようだ。さまざまなことを話した。新聞業界に出資したことのリスク、破産に追い込まれる可能性のあること、など。ニールは私の控え目な態度をものともせず、自己の利益のためならば臆面もなく何でもする人間であることを少しずつさらけ出した。そのかたくなな態度には一徹さが感じられた。

われわれを引き合わせたジャーナリストが議論に加わろうとするが無駄だった。ニールの話が延々と続き、私は呆れ果てた。この人物に垣間見える病的なまでの金銭欲は理解不能だ。愛想が尽きた。ニールは勘定を払おうとしたが、私はそれをさせなかった。

狭い専用階段を下りて歩道に出る。中古車に乗っていると思わせるため、ニールが自分の高級新車をずっと隠していることは知っていた。二〇一九年一月、ニールの側近スタッフのひとりから聞いた話では、事務用品の購入費に至るまで言い争いの種になるという。月給二〇〇〇ユーロのアシスタントによれば、フランスで一〇位の資産家の仕事をしているというのに、窓のない七平方メートルのオフィスを借りるはめになっている仲間もいるという。フランスの一企業がコルシカからマイアミに至る一大帝国になるまでの紆余曲折について話を聞いたことがあるが、ニールが再び輝かせようとしているこの伝説に灰を被せる者は数多い。別れ際にニールが自分の携帯を見せたがった。エマニュエル・マクロンという男からのメッセージだった。「将来の共和国大統領からだ!」と彼は言う。二〇一四年一月のことである。私は厳しい視線を返した。ニールの笑みが消えた。

その日の夜、ナタリー・ヌゲレドと会い、ジュリアン・アサンジとシリアについて話した。ニールに会ったこともエマニュエル・マクロンについての打ち明け話もあえて口にしなかった[13]。親しかった人から詳しく聞いたところでは、前編集長のエリック・イズラエルヴィッチは何カ月も圧力を受けた挙句に心臓発作で亡くなった。株主は擁護してくれなかったという。ヌゲレドの場合も大きな困難を抱え、長期少額投資を得ようと常に交渉していたが、億万長者の株主たちに断られていた。グザヴィエ・ニールはヌゲレドと駆け引きをしていた。それも、後になってわかったことだが二股をかけていた。ル・モンド社への投資に必要な額を投資銀行ラザード［投資運用などの金融サーヴィスを提供する国際的金融グループ］の大御所マチュー・ピガスに貸し付けて、死期が迫っていたピエール・ベルジェ[14]も含めた三頭支配としたうえで、ピガスを引き抜こうとしていたのだ。ニールは自分の権力欲を正当化するため、この三人を必要としていた。そしてジャーナリストに対する無条件の支配を手に入れることで、絶えず起こしてきた訴訟をやめて、自分の口ではっきり言っているように「うるさい奴らを黙らせる」つもりだった。三人は長い時間をかけて練られた戦略の駒でしかなかった。

ナタリー・ヌゲレドとは外務省で初めて会った。そのとき私はフランスの対シリア政策の乱れを彼女の耳に入れようとしたのだった。今回はオーギュスト・ブランキ通りにあるル・モンド本社内の広い執務室だったが、清廉潔白な彼女はそこで反乱が準備されていることなどまったく知らなかった。私は先の見えないさまざまなことがない交ぜになって不安に感じていたところで、報道の世界に入らないかと提案を受けた。私はいつかは政治の世界に入ろうと思っているので、ジャーナリストとして読者からの信用を裏切ることになるかもしれず、それはやめておくほうがよさそうだと答えた。ナタリーは約束されていた出資が次々と解約されて受け取れなくなっていること、自分を避けて直接株主と契約するジャーナリストがいること、自分の立場を弱くするような改革を押し付けられていることなど、困っている問題を話してくれた。

グザヴィエ・ニールに再び手紙を書いたが、互いに理解しあうことはできなかった。それでも対応はよく、相談には乗るという返事だったので、その後何カ月かかけてきっかけを探したが見つからなかった。よく考えた末、現在の社会が少数支配に流されていることを冷静に分析して、それをニールに説明し、彼の子どもの家庭教師になることを冗談抜きで提案した。ニールとデルフィーヌ・アルノーの娘、エリザ・アルノーは生まれながらにしてその辺の国家元首よりも影響力を持っている。ヨーロッパに影が重なり民主主義が崩壊しかかっているこのとき、彼女が今の地位を維持することの難しさ、われわれが置かれている危険な状態、混乱を避けるため絶対的になっている権力の正体を解明する必要性を彼女に説明した。

だが、これらの人が一般庶民の利益に対する配慮をまったく持ち合わせていないために、私は不安を感じているということは口にしなかった。しばらく前からポストのオファーが相次いでいた。なかでも投資銀行ラザードからは盛大なもてなしを受けたが、こうした世界でこの問題が提起されているところはどこにもないと確信した。この世界の人は、システムに与するというだけで十分に満足なようで、自分たちをかつぎ上げたシステムを改めて調べてみる必要などないと考えているのだ。

金の力が民主主義の場に露骨に介入する時代にはまだなっていなかった。ハンバーガーチェーン店クイックの一件[15]に見られるように、公権力が充てた資産の一部を横領し、それを大多数の市民から源泉徴収した税によって埋め合わせるという程度で済んでいた。政治家は多かれ少なかれ国民とのつながりを保持する政党出身者であり、メンツは保たれていた。『ル・モンド』にはまだ比較的独立性があるように思えた。ニールが買い取ろうとした影響力はまだ効果を発揮しておらず、彼は善良な支配人として行動するにとどまっているかのようだった。あとになってわかるのだが、それは間違いだった。ル・モンド社の機能「合理化」を執拗に進めつつ資本の投入をしない理由は、じわじわと首脳陣に圧力をかけメディアの体制全体を不安定化することにより息苦しさを生み出し、首脳陣を自分の利益に沿うように隷属させることにあった。

とにかくこの世界には不穏な空気があった。次の日ロンドンへ発ち、二〇平方メートルの部屋に閉じ込められているひとりの男に会うことがかなった。ジュリアン・アサンジ、追い詰められながらも、人々を隷属、困窮、窒息させてしまう馴れ合いの体制を粉砕するために闘い続け、それがためにCIA（アメリカ中央情報局）からFSB（ロシア連邦保安庁）まで考え得るすべての権力から狙われているこの男と出会い、私は心底ほっとした。

これこそが身を挺する場所だ。

5

三年後の二〇一七年、ナタリー・ヌゲレドは『ル・モンド』から追い出され[16]、ジュリアン・アサンジは［駐英エクアドル］大使館に閉じこもったままだった。そしてグザヴィエ・ニールの秘蔵っ子エマニュエル・マクロンは大統領に就任し、私はというと民主主義が崩れ変わり果てていくフランスのホテル・リッツで、以前ランチに招かれた人物から数歩のところにいた。父の映画製作の過程で私の成長を見てきた女性アーティストに同行を頼まれたのだった［ホアンの父親はポルトガル出身の著名な映画プロデューサー、パオロ・ブランコ］。

ジュリアン・ムーア［アメリカの女優］のようなドレスをまとった連れとジェフ・クーンズ［アメリカの美術家］にそっくりな私を見て、従業員はしばらく躊躇したあと、離れたテーブルに案内した。同席の人たちをしげしげと見る。有名女優が着るようなイブニングドレスを着ているわけでもなく、主役のスターが着るようなスーツを着ているわけでもない。それどころか驚いたことに、ひとりひとりよく見ていくとみんなパリの有力出版社の編集部から来ていた。

驚きは大きかった。華やかさに目が眩み、このようなイベントに招待されたのがうれしくて、みんないそいそとやってきたのだ。『ル・モンド・マガジン』の編集長マリー＝ピエール・ランヌロングにすぐに気づいた。彼女は私が来るのを見るや手元の携帯電話に視線を落とし、そのまま上げることはなかった。数カ月前に『ル・モンド・マガジン』は、私が一年かけて調査した中央アフリカ共和国におけるフランスの原子力企業アレヴァ［現オラノ］の二〇億ユーロ近くにのぼる公金横領についての記事を没にしていた。ル・モンド本社が承認していた記事である。のちに彼女の同僚のカミーユ・セーウスがはっきり認めたが、お金の世界に誘われてここへ来ていたランヌロングは上からの指示に従ったまでだったという。セルジュ・ミシェルというもうひとりの主幹編集員も三週間前に同じ目にあっていたそうだ。イタリアの女性週刊誌『グラツィア』のジョゼフ・ゴーンがこの場所にいる私を見て笑っているのにも気づいた。数年前に、私がアサンジと会ったのを嗅ぎつけて『ヌーヴェル・オプセルヴァトゥール』［フランスの政治週刊誌］に一回きりの記事を遠慮なく依頼してきた。エリートに取り付いている虚飾には慣れているゴーンは、多少の馴れ合いを求められるのも承知のうえでその重要な役割を引き受け、覚めた気分でここに忍び込むことにしたのだった。隣で私を笑わせようとする女性誌『エル』［フランスの国際的ファッション雑誌］の編集代表は愛想のいい人だ。雇ってくれないかと言っておいた。

ウィル・スミス［アメリカの俳優・ラッパー］の内輪向けのコンサートが始まると告げられ、ワインがまだ注がれ続けているとき、あまり考えもせずに「ところで、どうしてみなさんここに？」と聞いてみた。それまでの和やかな雰囲気が一瞬で凍りつく。誰も目を合わせようとしない。この場から消えてしまいたいかのようだ。しばらくしてからひとりがおどおどと答えた。「あなたが気にすることではないのでは」。

出口で、細身の男性が六人のボディーガードに囲まれて、いらだたしげに私を追い越していった。ベルナール・アルノー、そしてグザヴィエ・ニールと妻デルフィーヌが続く。夫妻が五メートル進んだところでニールは以前話をした私を思い出して立ち止まり、振り返ってじっと見つめた。私は何も言わなかった。エマニュエル・マクロンの選挙戦をサポートするためにニールがどのように態勢を整えたかを私が初めて語ったのはその数カ月前だった。大統領に選出されて以来、毎日マクロンから電話がかかってくるのをニールは周りの人に自慢していた。会員登録をしないと見られない読者限定の非公式なネット新聞で、私は自分がその誕生を見てきた権力、そしてその土台からして漂流するしかない権力の危うさを警告していた(17)。コンサートはひどいもので、会場の雰囲気にまったくそぐわなかった。

初秋の寒さのなか帰宅し、数時間前誰も答えられなかった問いかけを今度は自分に向けてもっとはっきりとしてみる。「本来自分たちが動向をチェックし調査する対象であるはずのベルナール・アルノーとグザヴィエ・ニールが主催するホテル・リッツでの豪華ディナーに、素知らぬ顔で招かれているパリの大物報道関係者一〇人にいったい何ができるだろう?」

というのも、編集者たちがそこでしていたことを雑誌読者がもし知ることがあるとしたら、それはお気に入りの雑誌の付録ページを開いて、お披露目されたばかりのぴかぴかの新店舗を紹介する記事を見つけたときしかないからである。

このときからグザヴィエ・ニールにもベルナール・アルノーにも会っていない。その夜、ニールに最後のメールを送り、これから起こることを予告した。「ええ、私はあそこにいました。どこにあろうと家は燃えるんですよ」。

この世界はそんな事態もうまくこなしていくかも知れない。ニールからの連絡に応じることは今後一切しないことにした。

6

ここからはこの権力の行使について書こう。たとえば、原子力関係の大企業でロビー活動を担当したり、《共和党》〔フランスの右派政党。二〇一五年に《国民運動連合》から改名した〕の雑務に追われたりして姿を消した後、どこからともなく現れたエドゥアール・フィリップがどうやって首相の座に就いたのか。リュドヴィック・シャケールとアレクサンドル・ベナラの二人がなぜ、どうやって、大統領府に雇われ、エマニュエル・マクロン付きの「私設警察」のように振る舞い、親衛隊のような護衛を始めたのか。ベルナール・アルノーとベルナール・スカルシーニはマクロンに耳打ちしたのか。スカルシーニという名のLVMH警備長はどうやってこの警備モデルをマクロンに耳打ちしたのか。スカルシーニはなるほど以前フランスの国内治安総局長を務めていた。だが、彼はフランス国家の警備のノウハウを自分の新たな雇用主とLVMHのために利用した嫌疑で取り調べを受けることになった(18)。

なぜ「自由な報道機関」とそこに属する数百人のジャーナリストが、エドゥアール・フィリップのような人物がどうやってマクロンのもとで首相の地位を得たかを自分で調べて語ろうとはせず、上から聞かされたとおりに話を作って満足しているのか。

マクロンの出世に関連する件はこのほかにいくらでもあるが、現実に忠実な話はまったく書かれてもいないし、伝えられてもいない。したがって、国民の投票は十分な情報を与えられないままに行なわれたことになる。注意してほしいのだが、首相の任命というような重要なことについて、国全体がそれを推し進めた本当の力から遠ざけられていたのである。目隠しをされ、あらゆる真実は聞かされないまま、フランスの民衆は内輪の裏工作に満足している少数の利益集団から統治者を押し付けられたのである。このことが提起する問題は、民主主義の存在そのものに関わる。つまりこの問題はわれわれの政治体制をありのままに露呈し、ゆえに現在の政治指導者が正当化される可能性をことごとく奪い取るのである。

政治記者なら誰もが知っていて常に守られているジャン゠ピエール・ジュイエ(19)は、ニコラ・サルコジとフランソワ・オランドに執事のように仕えていたが、マクロンの私生活の費用を出していた億万長者のアンリ・エルマン(20)や、マクロンの出世のための費用を出したグザヴィエ・ニールと手を組んで、マクロンが若い頃から出世のために巻き上げてきた資産を再分配するというやり方によって、権力を奪取する壮大なプロジェクトの基礎を築いた。その経緯を明らかにしよう。

ジャン゠ピエール・ジュイエについて考えてみるには、経済・財務省にいた仲間であるクリスチャン・エケール(21)(22)の話を参照するとよい。エケールによるとジュイエは、交際費の水増しから何がなんでも民営化を進めようとすることに至るまで、常に自分に利益をもたらすことのためにしか反応しなかった。財務監督局(23)、経済・財務省、大統領府のいずれにおいても、苦労の末に勝ち取った競争から得た資産の使途決定権を利用して、自分の出世の保障と引き換えにその資産を最も見込みのある者に渡した。

ジュイエは、財務監督局内や自分が参加した委員会で得たネットワークなど、国家から得た資産を利用して何百万ユーロという額を奪取することができる人物である。その金は民間金融機関であるロスチャイルド銀行のために利用され、数百万ユーロが最終的には給与労働者や消費者から召し上げられるという事実は顧みられることはない。労働者や消費者は、自分の財産が事業銀行や投資銀行の利益のためだけに計画されるM&Aの財源になり、それだけ自分の財産が減らされることになるのだ。

ここで明らかになるのは、数人によって実施されている体制が、略奪をなすがままにしているのに加えて、われわれの民主主義の砦全体を無視し、その正当性に対して今や当然にも異議が唱えられている権力の確立を許すまでになったということである。しかし、閉鎖性と利害対立が規範になっていたところに、そして権力者が秩序を維持し、秩序を利用するために地位を得ていたところに、これまではコントロールされていたある変数が突然姿を現した。

その変数とは主権を要求する民衆のことである。

あるいは既成秩序に安住する小賢しい者から愚弄されている黄色いベストの人たちと言ってもよいだろう。男も女も暴力的で無教養だと、本当は彼らのおかげで生活している者から言われながらも、現実を解釈し解読する能力を持っていると勝手に思い込むことで自分を正当化し収入を得ている教養人・知識人が判読不能にしてしまったインチキに最初に気づいた人たちである。黄色いベストの人たちはパリの政治中枢部を腐らせているパワーゲームからは遠く離れているから、また国家が提供する役得から利益を得ていないから、自分たちに不利なことが押し付けられようとしていることにすぐに感づいた。「マクロン・リークス」(24)が最終的に明らかにした、燃料税は当初言われていたようなエコ社会への移行を促進するための施策ではないということに、いち早く気づいていた。その実体は一般大衆から最も恵まれた人たちへの巨額の資産移転であり、全国民に払わせたものを限られた人が受け取るために、現大統領府書記長のアレクシス・コーラーとマクロンの税制顧問ローラン・マルテルによって最初から考案されていたまやかしである。

黄色いベストの人たちはこの情報が拡散されていないこと、そしてもし拡散されていたとしたらメディア界に起きたであろう激しい憤怒の意味を理解していた。漏洩によって誰もが読めるようになった電子メールに書かれていたこと、ローラン・マルテルが「話をでっち上げる」とはっきり書いていたやり取りの意味を理解していた。それは大企業を優遇するため、二〇一二年にマクロンとともに作り上げた企業の社会保険料負担を軽減する措置の穴埋めとして、今回考案した税制をいかにうまくごまかして国民に課すかということである。企業の社会保険料負担軽減措置のほうは企業の競争力向上を口実としていたが、すでに八〇〇億ユーロ以上の支出を国民に強いているにもかかわらず、約束されていた雇用はひとつも創出されていない。

黄色いベストの人たちは、誰もはっきり言わなかったので、自分たち自身で、なぜ富裕税の廃止、非累進的課税、その他多数の措置が数カ月のあいだに採択されたかということを、それを正当化する経済論的発言とは距離を置いて理解した。

そして、そこにあるのは実入りのよい報酬でしかなく、権力の座に就くための主要な条件は、最も恵まれている人たちに気に入られるということであって、国民全体を代表しなくなっている体制への資金供給でしかないことを理解した。

黄色いベストの人たちは、マスコミ、政党といった、彼らを助けるために存在しそのためにたっぷりと報酬を得ている仲介者の手を借りず、以上のことを自分たちで理解した。

マクロン大統領の任期のはじまりに続いた事件・出来事・発言・裏切りに対する反発として、民主主義の深化を激しく要求する、言葉では尽くしきれない論理が発生した。しかしそれを好意的に受け止めた「エリート」は皆無で、その要求は黄色いベストの人たちだけが求める横暴だとして突き返すにとどまった。この何年かテレビ番組は、スケープゴートにされた社会的少数者を標的にして侮辱的な議論をしたり、人々の娯楽のための下品なテーマを延々と繰り返しているが、[25] 黄色いベスト運動は尊厳をもってできあがった。知識人と「左派」の政治家はそれまで社会問題を噛みつぶして満足していたが、逃げ腰になるのがやっとで、ほとんどは不安な様子を見せた。彼らが気弱なところを見せるだけで極右の脅しが勢いづく。右派と無意識のマクロン体制派は秩序への欲動に逃げ込み、「世論の誘導」、黄色いベスト運動参加者のリストアップ、見せかけの大討論会――これは民主主義的仲介を飛び越して異議を封じることを狙った単なるプロパガンダ活動に過ぎない――といったものを通して、この運動を既成体制に統合しようとする無駄な試みを進めた。

最初にものごとを理解して仲間のために立ち上がったのは、共和国の「文字も読めない」――二〇一四年九月、当時経済・財務相に就任したばかりのマクロンが初めてラジオ番組に出演した際、ブルターニュ地方の閉鎖予定の食肉処理場で働く従業員をけなして言った言葉――人たちだった。自分自身と第三者のために法外な圧力に立ち向かい、あくまで誠実な気持ちから立ち上がったのは、メディアなどが喜んで軽蔑するこれらの名もない人々である。

そして、特権を失うのを恐れるあまり、明日にでも「インテリ」が見捨てるのもこれらの人々である。インテリはマクロン体制が崩壊したとき、極右が自分たちの利益を守ることができるとわずかでもわかれば極右に乗り換えるだろう。その極右は三〇年来、激しくなるばかりの社会的再生産のメカニズムから排除されている弱者を代弁してきたが、彼らの怒りを誘導して最弱者のほうへ向けるだろう。それは同性愛者、亡命者、ユダヤ人といった人たちで、エリートは極右と闘うと言いながらも極右が新たに権力を握ればそれに同調し、これら最弱者は標的の最前線に立たされるだろう。

このテクストが示そうとするのは、大統領の辞任と国家の再構築を要求する人々、権力の場と最も下劣な代表者を腐敗の象徴としてとらえ、一丸となって非難しながら平和的にそれを要求する人々こそが、今日の深くえぐられた共和国、傷ついた民主主義を守る最後に残された人々だということである。

そして、組織され、考えられ、調節されている彼らの暴力は、この数十年来われわれに押し付けられてきたことに比べれば何でもないということである。さらに、彼らの知性、思想は、そのための教育を受けてきたと自ら主張する者よりもはるかに優れているということである。

社会的なつながりと共同社会で生存する能力を荒らしまくる捕食者のような政治に対し、また政治的暴力の脅威や絶滅の再来に対し、まっすぐに立ち向かいわれわれに明日をもたらすことができるのは彼らだけである。

7

二〇一八年一一月一七日から、国家の組織された暴力を前にしてもためらうことなく実行され膨れ上がった蜂起は、抑制され考え抜かれた手法で、財と機能の集中を標的とした浄化運動として行なわれた。

そのため、この解放を目指す蜂起は、これ見よがしに人の身体を攻撃するのを躊躇しない制圧力に対して持ちこたえ抵抗することができた。広範囲に広がった社会的つながりの分断に対しても、自分自身との関係しか頭にない「エリート」の軽蔑と高慢な態度に対しても、この蜂起の手法は大衆の喜びと再生の源であり、二〇〇八年の経済危機以来、社会から切り離され自分の不幸の責任は自分にあると思っていた何十万人もの失望した人々にとってのはけ口だった。

将来の不確実性、地位を失う恐れ、生活の不安定に苦しむのはいつも同じ人々であるような社会において、彼らは役割の入れ替えを扇動した。すると突然、ブルジョワと高地位の生活安定者が、略奪者と不当利得者が、震え出した。サンジェルマン大通りのカフェ「フロール」へは欠かさず行くのだが、そこの客がガラス張りの店内席に引っ込んで、自分たちの平凡な日常に突然ドヤドヤ押しかけて来た集団に不安そうな顔をしているのを見た。この異様な祭りのようで、即座になされた、しかしいかにも一時的な役割交代において、ホイホイと体制に巻かれていた者、自分たちの安楽と特権の源泉を忘れていた者、コントロールされたメディア界や、高地位の生活安定者への攻撃は決してないことの正当性を示すすべての社会学的研究や、社会階層間の流動性が存在しえない経済状況にあぐらをかいて、とばっちりなどまったく恐れず確固たる地位を築いていた者たちが、突然脅されていると感じている姿を見た。

これまで自分たちが搾取してきた人々にこのような姿を見せたことで、やっとこの人たちにも共同体への帰属意識が戻ってきたと私は思った。

この、自分たちがしてきたことの代価を払うという突然降りかかった恐怖を見れば、ラジオ局フランス・キュルチュールのプロデューサーで複数社と契約するコラムニスト、ブリス・クチュリエがこの期間にマクロンに全権限を与える要求をしたり、その他のたわごとを言った理由、そして哲学者のリュック・フェリーが群衆に向けての発砲を呼びかけた理由がわかる。編集部が二度拒否していた編集長を押し付けられて仕方なく承諾した『ル・モンド』紙が、どう見てもこの運動をつぶそうとしているのに、運動を説明しようとしているのだと言い張って不当な扱いをした理由がわかる。普段は自信たっぷりの人たちが急に右往左往し、何が起きているのか理解できずにいる理由がわかる。

このテクストは彼らの不安を気にかけたりはしない。広がった怒りを説明し正当化することを目指す。起きたことの理解を目指す。集結した人たちに地盤と論拠を与える。この人たちが正しいことを「証明」する、と言うと、大げさに聞こえるかも知れないが、妥当なことがあとでわかるだろう。あらゆるイデオロギーから距離を置き、事実によって、持てる者たちをどんなに一時的であれ恐れさせる運動の必要性を示し、彼らが得ていたものを失うこともあるという可能性を示す。

暴力はつねに政治、つまり対立関係の調整の失敗を体現している。ところが、いま露呈していることは、今回の失敗はエリートが自己の利益に隷属している結果であるということだ。それはくだらないことだと誰もがすぐに思うような、幾度となく行なわれてきた妥協、裏工作、その他の操作の結果であるが、まだ始まったばかりの民主主義の重大な危機につながるものだ。

今回の暴力について多くの人が断罪を求めているが、責任は「その人たち」にあり、その人たちに向けられるべきものである。

「その人たち」のひとりであった私が言うのはおこがましいことであるが。

8

何が私をそうさせたかを知ってもらうには、この調査のきっかけとなった出来事を振り返らなければならない。二〇一八年一〇月一六日、二九歳のガブリエル・アタルは共和国大統領から国民教育・青少年大臣付きの青少年担当副大臣に任命された。大統領官邸前での報道陣への報告はなかった。一般大衆は、第五共和政で最年少の閣僚入りを果たしたこの人物の顔を、二四時間ニュースチャンネルBFM-TVで初めて知った。『ル・モンド』(26)や『パリ・マッチ』〔フランスの大衆週刊誌〕はさらに、この理想の婿といった風貌を持つオー＝ド＝セーヌ県選出の若き国会議員の輝かしい経歴を興奮気味に伝えた。政府中枢部の仲間うちでは何カ月か前から噂されていたアタルの名は、国内でほとんど知られていなかったが、それがまたしても体制の産物でしかなく、口を挟めそうな人も唖然としているうちに任命されたことを私は知っている。

隠密裡に運ばれたことは興味を引き、エリートがいつも隠そうとする抜擢の理由を探りたくなる。ガブリエルはグランゼコールで私と同期入学生だった。《不服従のフランス》〔左派の大統領候補ジャン＝リュック・メランションを党首とする政党。左派連合的な様相を呈している〕の欧州議会選挙リストの筆頭候補になったマノン・オーブリーやその他何人かのように、頭角を現していた。二〇一八年の夏には、権力者のあいだで評判のコラムニスト、ブリュノ・ジュディが『パリ・マッチ』に三回もの連載記事を書いて、この名門子息の文学と音楽の趣味を披露している。(27)『パリ・マッチ』とその所有者アルノー・ラガルデールが敬意を持ってフランス国民に紹介している政治家たちの名士録に、アタルの名を刻んだのだ。

彼が、年齢と短い経歴を考えると目を見張るような厚遇を受けているのを見て、歯ぎしりする人もいる。《共和国前進》[二〇一六年に創設された政党。党首はマクロン]の党内では陰で「オシャレさん」と呼ばれていたりもする。パンタクール[丈の短いズボン]に白のシャツで、素足のそばにロゼワインのグラスを置いて、セーヌ河畔で自信ありげにカメラに向かってポーズをとる。ガブリエル・アタルは、あるルポルタージュで自分の権力を非常に意識し、それまで誰も気付かなかったオーラを持っていることを確信しているように思われたので、最も近しい支持者までもいらだたせた。彼はたいていのことには平然としているが、オープンなところもあり、自分が好きなオレールサン[ラップ歌手]、フォール・ボワイヤール[大西洋の海上要塞。ここをゲームの舞台にした同名のテレビ番組もある]、とてもシックなイル゠オ゠モワンヌ島にある家のことについては愛想よくしゃべる。夏のあいだに「名士」に名を連ねたことで明るい未来が約束されたが、それはこれから私が皮をはいで調べ上げようとしている体制に組み込まれたことも意味する。

偶然に共和国の最年少副大臣になるということはない。数カ月前にこの若き国会議員はラジオ局フランス・アンテール[フランスの代表的な公共ラジオチャンネル]の朝の情報番組に初出演した。全国に向けて話すことができるこのめったにない機会は、原則としてベテラン政治家にしか与えられない。大舞台で固くなったのだろうか。元々は社会党の出身なので《共和国前進》では左派を代表すると見なされたアタルは、高慢かつ尊大に同世代の「極左のボボ」[英語の bohemian bourgeois（ボヘミアン・ブルジヨワ）から。比較的若く、教養があり優雅な生活をする反体制派を指す］をこきおろした。ちょうどその当時、極左主義者がパルクールシュップ［二〇一七年に決定され、一八年から始まった「大学入学振り分け制度」］。大きな反対運動を引き起こした］に反対するため大学を占拠していた。彼は次いで、国鉄職員が公共サーヴィスの民営化に反対して行なっていたストライキを激しく非難した。極右が使う言葉「グレビキュルチュール［grève（ストライキ）とculture（文化）から造った新語。労使間交渉の手段としてストライキに依存する習慣］」まで引っ張り出して糾弾し、さらに「自己改革できない」として国にまで矛先を向けた。

番組の同席者を唖然とさせた《共和国前進》の新人スポークスマンは、二八歳にしてエリートと一般大衆を前にこのような形で即位した。こうしたアタルの民衆に向けた話の展開は、先達の手法を忠実になぞっているに過ぎない。数年前にエマニュエル・マクロンなる人物が大臣として初めて出演したときに、ジャン＝ピエール・エルカバックに対して同じくらい高慢な態度で「［閉鎖予定の］食肉処理場の文字を読めない人」の話をし、関係者の行く末にはまったく関心を示さなかった。態度と自信において、この二人はこれまでの抜きん出ていた政治家とは何かが違う。

とにかく歯車は回り出した。勢いに乗った『ル・モンド』紙は、やはりエコール・アルザシエンヌ［国と提携しているパリの私立名門校。本書でその成り立ちや機能が詳しく紹介される］出身で何が起きているかわかり過ぎているローラン・テロの筆によってアタルを酷評しようとするが、記事の出来栄えがよくないうえ、週刊誌からの要請に内容を合わせる必要がありうまくいかない。聴衆としての国民は、アタルがその歳にして一度も実体のある職に就いたことがないのにどこまでも傲慢であることに激しい怒りを見せるが、どうにもならない。数週間後、アタルはさらに波紋を広げる。公共放送局のテレビ番組『On n'est pas couché』〔公共チャンネル「フランス2」が毎週土曜日に放送するテレビ討論番組〕にゲスト出演した際[28]、パルクールシュップによる改革を厚かましくも擁護し、その導入の功績を自分のものとした。司会者ローラン・リュキエは好意的な目で見ていたが、他のゲストは声を詰まらせていた。

初めて国民議会で発言したときは、ためらいがちで微笑みを絶やさないようにしていたが、それはすでに忘れ去られているようだ。辛辣な反響を呼んでいるにもかかわらず、大統領派の新たな忠臣は自分の権力に酔っているようである。続いてベナラ事件〔マクロンのボディーガードをしていたアレクサンドル・ベナラ(当時二六歳)が、メーデーに参加した市民に暴行を加えている様子を撮影したビデオが公表され、一大スキャンダルに発展した〕までの数カ月間は与党の伝令官を当然のごとく自任するまでになり、メディアと野党を勝手に「やり過ぎ」と決めつけて非難した。その後はテレビ番組司会者レア・サラメと数百万人の前で、始まったばかりの黄色いベストを批判し、こんなときにフランスで最も視聴者の多い政治番組に出演する勇気を持っていたのはただひとりだったとして称えられた。

くだらないことが国とその機構を支配すると害悪をもたらす。ガブリエル・アタルの経歴の話は、閉鎖的グループが自らの兵隊を作り出す方法を白日の下にさらすための入り口になるだろう。

第二章

ガブリエル・アタルの肖像

9

犯罪には必ず現場がある。われわれが扱う問題も例外ではない。パリ六区に位置するエコール・アルザシエンヌは保守派で好感の持てる男性、ピエール・ド・パナフューによって運営されている。セーヌ右岸のフランクラン〔正式名称はリセ・サン゠ルイ・ド・ゴンザーグ。パリ一六区フランクラン通りにあるカトリック系私立学校。ブリジット・マクロンが教鞭を執っていた〕、サン゠ドミニク〔パリ西部近郊ヌイイ゠シュール゠セーヌにあるカトリック系私立学校〕、エコール・ビラング〔ロンドンにある二〇〇四年設立の無宗教の学校〕と並んで、セーヌ左岸のエコール・アルザシエンヌはパリの文化的知識人の後継者を再生産し育て上げる場所である。高学年になるにつれて、フランスの政治、経済リーダー層からの子どもが補充兵としてそこに加わる。国との協定により、生徒と教師陣の選抜過程はいっさい学校側が管理することになっている。地理的、経済的にいかなる割当制も課されていない。したがって悪い交友関係に感化される心配をせずに文化的知識人を再生産し、社会に適応させることができる。

ほかの多くの教育機関とは異なり、この学校が掲げる目標は優秀な生徒を育てることではなく、子どもたちを「自由に」育てることだ。パリでは、国内屈指の良家の継承者を取り込んで育て上げる役割を担ったこれらの学校間の競争は、凄まじいというほどではないにしても厳しく、各校は棲み分けを図っている。地方都市にはたいていの場合一校か二校のめぼしい私立校があり、将来のエリートを選抜する社会的なふるいの役割を果たしている。アミアン［フランス北部オー＝ド＝フランス地域圏の都市］のラ・プロヴィダンス、トゥールーズ［フランス南部ラングドック＝ルシヨン＝ミディ＝ピレネー地域圏の都市］のリセ・ピエール・ド・フェルマーなどである。一方、守るべき遺産が増えている首都では、争いはより激しい。たとえば、アタルが学業を修めた場所からわずかのところにコレージュ・スタニスラスがあり、時代遅れのカトリックの伝統に培われた厳しい校則で名を馳せている。コレージュ・エ・リセ・ノートル＝ダム＝ド＝シオンは極めて更生が困難な跡継ぎを引き受けて、どうにか正しい目的地へ連れていく、すなわち、社会に出ても恥をかかずにすむだけの最低限の資格免状を与える。少し遠いところでは、パリの西でサン＝ドミニクがサン＝ルイ・ド・ゴンザーグと熾烈な争いを演じながらパリ右岸の名家の子息を集めようとしている。エコール・ビラングは大ブルジョワジー、外交官の跡継ぎなら誰にでも門戸を開き、ロンドンのリセ・シャルル＝ド＝ゴール・ド・ロンドルと競っている。法外な学費のかかるこれらの学校は金融資産家や歴史的貴族の偉大な家系を分け合っているが、それに目を光らせているのがリセ・ジャンソン＝ド＝サイイ［パリ一六区にある公立高校］で、理系学科に優れるサン＝ルイ［パリ六区にある］などのいくつかの公立校とともに、高級住宅街の優秀なわんぱく坊主を引き入れて私立校の社会的再生産に堂々と反旗を翻している。ほかにレジオン・ドヌール女学校など数校も挙げられようが、リストにはきりがない。

このような生態系において、エコール・アルザシエンヌが今日のような地位を占めるには相当な努力が必要だった。というのも、差をつけようとする親心をくすぐるために作り話と時代遅れの伝統で生徒を縛り付けて評判を保つことに余念がない私立校との競争に生き残るだけでは不十分であり、なぜなら［エコール・アルザシエンヌのある］ノートル＝ダム＝デ＝シャン通りから数百メートルのところに位置し、太陽のごとく光輝くアンリ＝キャトルとルイ＝ル＝グラン［いずれもパリ五区にある公立校。例外的にグランゼコール準備学級を備えている］がエコール・アルザシエンヌに影をもたらしているからである。全国の学校を見下ろし、そのため不公平ながらも優位性を保証する例外規則に支えられる両校は、国で最も優秀な生徒と最も優秀な教員を集め、平等と見せかけつつ社会的選別フィルターで恵まれた階層の再生産を確実に行なう。そこにはパリ左岸［セーヌ川の南岸］の知的エリートの精鋭が集まる。子どもを入学させるために納税地をこぞって偽り、あとは選抜されるのを待つ。地方からの優秀な生徒もくるが、それは驚くべき正確さで裕福ではない家庭の者を除去するフィルターをかいくぐってきた者たちである。リストがすでに長くなったが、「能力主義」の実態がわかるこのリストに加えておくべき学校がまだある。さほど印象的ではないが、リセ・モンテーニュ［パリ六区にある公立高校］、リセ・ラボワジエ［パリ五区にある公立高校］、リセ・フェヌロン［パリ六区にある公立中学・高校］、リセ・ヴィクトール・デュリュイ［パリ七区にある公立中学・高校］はエコール・アルザシエンヌから近い所にあり、国内の他校とは比較にならないほどハイレベルな教育を提供する。それは、国民教育・青少年省が漏斗のような機能を果たして、定年を控えた優秀な教師たちを生徒のためにかき集めているからであり、彼らはどこへ行っても同僚の教師が作成したプログラムに自然に馴染むことができ、フランスの学校制度において成功するために必要なすべての規範を完全に会得している。

このような環境のなかで生き残り、際立とうとするのは賭けのようなものである。特別に恵まれた家庭の生徒がいない大部分のパリの他校はそのことがよくわかっている。エコール・アルザシエンヌは、まず抜群のロケーションで成功した。パリの五区、六区、一四区が接するポール＝ロワイヤル地区の隅で、高等師範学校とソルボンヌから徒歩数分の安全で落ち着いた雰囲気の場所である。周りには商店、図書館、さまざまな機関があり、休憩するのにちょうどよいリュクサンブール公園の庭に面している。幼稚園の最年少クラスから高校の最終年度までの全教育課程を修めることも可能で、閉ざされた環境が保障され、そこに通う地域のブルジョワの子どもは普通バカロレア［中等教育レベル認証の国家資格。ほかに工業バカロレア、職業バカロレアがある］の合格率が一〇〇パーセント、またほとんどすべてが良以上の成績を取っている。

エコール・アルザシエンヌにはいくつか欠点もあり、なかでもグランゼコール準備学級がないため、サント＝ジュヌビエーブの丘［五区、六区にまたがるカルチエラタン地区のことを示唆］にある学校とは張り合えないことがわかっている。そこで、人間主義、自由主義で名声を上げることを選び、それを継承しつつ息が詰まるほどの仲間意識を育む。その唯一の目標は社会の中で成長していくために必要な規範を生徒に伝えることである。だが、そうして生み出された独特な雰囲気は、二〇一〇年代初頭に極みに至った。二人の生徒が自殺し、そのうちのひとりは校舎の七階の窓から飛び降りたのである。「国と協定を結んでいる」すべての学校と同様に、エコール・アルザシエンヌは教師の給料を税金から支払い、生徒の親からは共益費として年二七〇〇ユーロを徴収するにとどめている。

入学時の選抜は厳しく、学業成績のみならず家系と紹介がものを言う。第六年級［中等教育の第一学年。フランスでは高学年ほど数が小さい］入学時には生徒数を約二〇〇人に絞るため、テストと書類調査が課される。当然のごとく受け入れられ、選抜を左右しているのが学内の知人の有無であり、いとこや兄弟がすでに入学している者には優先的に入学が許される。ここでは、学業成績表は副次的な意味しか持たない。子どものハビトゥス［日常経験において蓄積されていくが、個人にそれと自覚されない知覚・思考・行為を生み出す性向］、型に溶け込む能力、両親の「評価」も同様に重要である。労働者、プロレタリア階級家庭の子どもや、ベビーシッター、家政婦の子どもがそこにいることは決してない。家政婦の女性は、乳母、ばあや、それに仕事で手一杯の両親が急に子どもを迎えにこられなくなり代理を頼まれた者に交じって、学校の外で子どもを迎えに待っている。その列は子どもの肌の色よりさまざまで、たいていの場合もぐりで雇われて、ひどい搾取をされている。

第六年級から、クラス全体を交ぜ合わせ、やがてはうんざりさせられる仲間意識を作り出すための旅行が企画される。最初の行き先は、プロテスタントだった学校創立者に敬意を表して当然アルザスであり、校風はこのプロテスタントの流れを汲んでいる。しかし、神話がすっかり現実になるのは赤い釣鐘帽子をかぶって行く第五年級のローマ旅行で、その後、第四年級では「挑戦」と呼ばれるスポーツ競技大会、第二年級ではフィレンツェ、第一年級は生徒同士で企画した旅行と続く。退学、留年は稀で、欠員が出るとすぐに埋め合わされる。学業をうるさく言われない代わりに、育ちの良い者のあいだでの社会生活に適応することを学ぶ。すべてはできるだけ早く帰属意識を育むことにあり、それによって一生涯にわたり、いついかなるときでも役に立つ連帯の絆を織り成すことができる。

このような場所では、最もブルジョワ的な意味で、悪い知り合いはできにくい。どの生徒も幼少の頃からすでに、出会った人には恩と尊敬の気持ちを持つことができ、自ら与えることとお返しを受け取ることも知っている。社会階層は問題ですらなく、現行の秩序を再考するなどばかげたことと思われている。確かに、名家の子どもがパリ市内周辺部の区から不法に忍び込んだボボと関わり合いになることはほとんどないだろうし、ボボもすぐに追い払われるだろう。

このようにしてエコール・アルザシエンヌと他の数校は、エリート間の内婚制と自分たちの特権が疑問視されることはないという保証を与えるために基本的な役割を果たしている。それでも、財産と地位の違いにより、この小宇宙内でさまざまな階級が生じてしまうが、差別は当然あるものとして、それに慣れ、この先もずっと続く服従と支配の関係を学び取らせることが優先される。

一学年は平均六クラスであるが、幼稚園の最年少学年から入学している生徒は後ろ盾に守られ、後から入学してきた生徒に対して明白なアドバンテージを有している。こうして、少年期、青年期の子どもが意識するような違いをはるかに超えて本物の一致団結が作り出されるのである。学年とともに形成されていくさまざまな異なるグループへ入ることは、無数の基準によって社会的に規制される。たとえば経済力、作法をまねる能力、美的規範などである。みんなで一緒に食べる学校の食堂はすぐに学校周辺のレストランに取って代わられるが、カルチエラタンは食事代が非常に高いので少しずつ差別がはっきりしていく。エリートの再生産においては、統合のプロセスを軽々しく扱わない。それは、のちにグランゼコールの入学試験に落ちた学生が同居生活を送るエコール・アルザシエンヌの同窓生によって別の進路を見つけられるかもしれないし、マクロン陣営の幹部が役に立ちそうな若者をそこで見つけるかもしれないからである。

エリートの製造現場に潜り込むのは難しいことである。その秘密を暴こうとする者には無言と沈黙が課される。パリで行なわれている内婚制は非常に特殊な閉ざされたもので、規範と社会的ハビトゥスに覆い尽くされ、ジャーナリストはめったに解明しようとはしないが、エリートが子どもの頃から意識せずに享受している相当量の特権によってより強固なものになっている。この民主主義からの逸脱はわれわれの民主主義を乱し、必要に迫られている「エリート」の一新を妨げている。エリートは、逆の調査結果が数多く出ているにもかかわらず、能力主義を言い張る学校教育システムに目が眩み、徐々に自分を特別扱いしていく。

都合の良いことに、私はエリートの秘密を暴くのに苦労はしない。なぜなら、非常に早い時期にそこへ仲間入りさせられたからである。公立校へしばらく通った後、心配した母がエコール・アルザシエンヌへ私を入学させる選択をした。私はこのことをずっと悔やむことになるが、第六年級から、のちの大臣やその他多くの頭角を現す者と出会うことになるが、私はずっと彼らを避けていた。

公立校とのギャップは激しい。社会階層の多様性が存在しないこの小さく平穏な隠れ家のような場所で教育課程を修めた者は、若くしてすでにほかの国民に対して非常に優位な位置に立っている。すなわち、パリの閉鎖的社会を支配し、将来われわれを支配することになる者を見つけ出すための社会的規範、ネットワーク、ハビトゥスを自分のものにしている。一番乗りの子どもたちは、在校期間の長さによってヒエラルキーが構成される学校では王子さまのような存在であり、第六年級から入学した同期生、その他個別にあとから入ってきて一歩一歩追いつかなければならない者たちの上に立ち、幼年期から恵まれた位置を占める。そのため、小さい頃からの関係や仲間に関して積み重なった情報を利用して、生徒の中心的グループに入ることができる。ガブリエル・アタルがどのグループにいたか、想像がつくだろう。

あっという間に、のちの副大臣はその余裕と、当然のごとく周りから与えられるものと思っている社会関係資本、経済資本、象徴資本〔これらの資本の概念は社会学者ピエール・ブルデューが最初に提唱した〕の分配と共有によって頭角を現した。口が達者であること、何でもよく知っていること、たくさん持っていること、さまざまなコネがあること——校庭はこれらを取引する広大な市場であり、無意識の消費者が至るところに潜み、勝者と敗者が自らの立ち位置を学ぶ。エリート再生産装置のからくりはここにある。すなわち、まだ若いうちから自分がどうあっても恵まれている、あるいは恵まれていないと信じ込ませ、他人との関係はすべて自分の個性がもたらすものと信じ込ませるのだ。

このようなところでは何もかもが桁違いである。すぐにそれがなぜかわかるだろう。ガブリエル・アタルの卒業年度二〇〇七年の同期生には、思いつくだけでも〔元大統領〕ヴァレリー・ジスカール・デスタンの孫娘、クラブメッド〔旅行会社〕社長の娘、アルコス〔フランス家電メーカー〕の社長の娘、のちのウーバー・フランスの社長の妹、セドゥ家〔映画会社の経営者一族〕の跡継ぎ、映画製作会社ゴドーの子弟、元陸軍大将オートクロークの遠い子孫、ガラール家〔フランス南西部ガスコーニュ地方で一一世紀から続く名家〕、ランティヴィ家〔フランス西部ブルターニュ地方で一四世紀から続く名家〕、ラストゥール家〔フランス中南部リムーザン地方で一〇世紀から続く名家〕の血を引く者、出版社社長ベルナール・ゼクリ〔現ラジオ・ノヴァ社長〕、A.P.C.〔服飾ブランド〕創設者ジャン・トゥイトゥの娘、銀行家ミシェル・ペブロー〔現BNPパリバ銀行名誉会長〕の孫、アメリカン大学パリ校学長ジェラルド・デラ・パオレーラの娘、と続く。CAC40〔ユーロネクスト・パリにおける株価指数。時価総額上位四〇銘柄で構成〕の構成銘柄になっている企業の重役、弁護士、ユネスコの上級公務員、アンリ＝キャトル高校校長の息子なども名を連ね、芸術家、教授、勤勉だと言われる知識人階層の子孫もわずかながらいた。その前後の年でも、やはり〔放送局カナル・プリュス、総合小売りチェーンのフナック、週刊誌『ヌーヴェル・オプセルヴァトゥール』などの社長を務めた企業経営者のドゥニ・〕オリヴェンヌ、〔政治家のドミニク・〕ビュスロ、〔企業経営者、政治家のティエリー・〕ブルトン、〔政治家のヴァンサン・〕ペイヨンなどといった大臣や権力者の名字が並ぶが、この仲間うちでは普通のことで、誰も気に留めない。また、〔女優イザベル・〕ユペール、〔イギリスの女優クリスティン・〕スコット・トーマスなどのオーラをわずかに放つ者もいる。

これほど異常な富と特権の集中を隠蔽するために能力主義の幻想が果たしている役割を考える必要がある。この幻想は順応プロセスを助長し、権力を社会的必然に見せかけたうえで、それが各人の運命には影響することはないと主張しながら、他の中学、高校のクラスを骨抜きにする。エコール・アルザシエンヌから三キロメートルのところにある高校で私は教師をしていたが、理論的には同じ能力を持っているのに、この高校の普通バカロレアの合格率は五〇パーセントがやっとだった。そして生まれつき決まっている能力の違いが、そこから数キロメートルの距離にある学校の生徒と比べて数十分の一しか成功の可能性がないことの理由であると本当に信じているのか問いただして、無気力な最終学年の生徒の目を覚まさなければならなかった。しかし、何をしても無駄だった。同じものの再生産しか頭にない寡頭制によって物事が見えなくなり、それが支配者にも被支配者にも同様の影響を及ぼしていたからである。

幼稚園からエコール・アルザシエンヌで学校生活を送ったガブリエルは、最も恵まれた部類に入る。この人間形成期に得られた社会関係資本、経済資本、象徴資本の蓄積は、のちのスピード出世の原動力になり、歩兵を集める際に政界の「エリート」たちが行なう自らの仲間の選考において有利になった。選ばれるために、生まれながらにして持っている能力以外のものをでっち上げたり見せたりする必要はまったくなく、規範を熟知していて、「見た目」の優雅さがあり、文化とイデオロギーによって繰り返し吹き込まれ、今でも広く最上級のものと社会では認識されているブルジョワの行動をまねることにより、仲間うちに加わることができた。エリートが身内に与え得る資本のすべてを自由に使い、アタルは自分より何十歳も年上の比べようもない経歴の持ち主でさえ見下した。

客観性と普遍性という金ぴかの服を纏って周りが見えなくなっている仲間うちのシステムにおける成功がもたらす、唯一で独自であるという自信と確信とは何かを推し測らねばならない。共和国の数ある競争のひとつを勝ち取ろうとして五年の歳月を割いたマクロンが、自分の王としての姿が消えることを懸念しているとしたら、共和国が競争にかこつけてどれほど王政当時の慣習をまねたかを理解していないということだ。王権神授説を難解な言葉とねじ曲げられた能力の概念で置き替えることにより、今日の指導者は自分が平等な競争で選ばれた者であると考え続けている。現代のエリートたちは指導層に加わるための多数の道筋を時代とともに設けてきたが、その見かけとは裏腹に、そこへ到達できるのはますますエリートに限られていった。労働者階級の子どもが共和国の最高ランクの競争に勝ち残るのは不可能になったことをすべての社会学的調査が示している一方で、支配者層はいまだに平等な競争が存在していると考えている。生まれの良い者たちのあいだでの競争しか行なわれていないのに。(29)

10

共和主義の精神に愛着を感じていると言いながらも、自分の子どもを一般大衆の子どもと一緒にさせようとしないブルジョワ左派のための矛盾が詰まった場所として、おそらくエコール・アルザシエンヌは現体制の逸脱を最も象徴的に示す例だろう。無自覚のうちに自然に右派の思想を作り出し、その権利の正当性を確信するほど周りの社会から孤立することによって盲目になり、安定した利益を脅かすことのない思想を擁護しつつ、自らは進歩陣営と結びついていると信じて憚らないのである。

弁護士であり映画プロデューサーでもあったイヴ・アタルの長男として生まれたガブリエルは、幼少の頃からエコール・アルザシエンヌよりはセーヌ川右岸の有名校に適した行動を身につけた。右岸では階級間の軽蔑と自信がシステムを成り立たせているが、これまで見てきたようにエコール・アルザシエンヌでは目立ち過ぎる主張は礼節により抑えられるという違いがある。

アタルが進歩主義に加わることを運命づけていたものは何もないように思われる。エコール・アルザシエンヌでは、成り上がりのために、あるいは自分を再生産してその地位に安住しようとしているブルジョワ階級の多くの経済的資産が不安定であるために、謙虚、慎重、そして「共存」という価値観に覆われ洗練された礼節のようなものに生徒を向かわせるが、アタルはそれを激しく拒否した。アタルは学校で一、二を争うほどの経済資本に恵まれ、文化資本、社会関係資本にも恵まれていたが、後者の二つの資本は場合によっては階級間の移動がその子どもに混乱の種を残すことにもなる。二〇一五年に亡くなったアタルの父親は、一九八〇年代にビジネス弁護士の業界を牛耳って成功を収めた。事務所を設立し、裕福なアーティストの相続や遺産を扱うようになった。

八〇年代末、金がものを言うようになっていく世の中の動きと、ジャック・ラング〔一九八一―八六年、一九八八―九三年、文化相、その後国民教育相も歴任〕の指揮下で始まった寛容な文化支援政策の恩恵を受けて、パリの文化が改めて発展していく環境の趨勢を吹き込まれ、イヴ・アタルはフランス映画の財源の多様化が自分にもたらすものをいち早く察知する。社交界に顔が利く経歴をしっかりと築き上げ、自分の弁護士事務所を「通して」貴重なネットワークを作り上げた後、彼はインディーズ系映画の資金調達会社を設立して映画産業に接近した。その後、フランシス・ブイグ〔建設業から始めてメディア、通信事業などへ多角化したブイググループの創立者〕に一〇〇万ユーロを超える報酬で雇われる。イヴ・アタルは Ciby 2000(30) という無謀なプロジェクトにも参画し、九〇年代初頭には副社長になって一時的に経営の大黒柱になった。

重要なコネを持っていると目されたダニエル・トスカン・デュ・プランティエのような伝説的なプロデューサーのもとで、イヴ・アタルはフランス映画史上で最も記憶に残る破綻となった企画に参加する。業界最高額の報酬を要求する監督、脚本家に八億フラン(一億二〇〇〇万ユーロ)を投じる製作プロジェクトを実行に移したのだ。息子マルタン・ブイグが一族の帝国を継ぐと、フランシス・ブイグはこのプロジェクトに身を捧げる決心をする。フランシスはハリウッドと張りあうべく、製作システムの一新に取りかかる。ヨーロッパじゅうの出世主義者や野心家が大金目当てにプロジェクト首脳陣のもとへ殺到した。枠組みもなければまとまった考えもないこの無謀な企画を支配するのは虚飾であり、衰退していく社会主義の好意に見守られて、パリ左岸の文化的エリートが莫大な財産を持つパリ西部［一般にパリ西部はブルジョワ地区、東部は民衆地区とされる。左岸はソルボンヌなどを含む文教地区、右岸はシャンゼリゼ、オペラ座、そしてエリゼ宮のある政治・経済・文化の中心地である］の名門一族のひとつと手を組む契約に調印しただけの話であった。ビジネスは頓挫する。アタルが副社長に任命されるとすぐに右派が政権復帰し、病身のフランシス・ブイグはプロダクションの新体制をジャン＝クロード・フルーリーに委ねる。フルーリーは実権を握りイヴ・アタルを辞任に追い込む。このひとつ目の失敗に、さらに痛手となるUGC Imagesでの二つ目の失敗が続いた。こちらは決定的だった。

11

二〇〇五年当時、若きガブリエルは右派の思想を標榜していた。上流社会の行動規範をまったく持ち合わせていないために、その世界では皆から軽蔑されていたニコラ・サルコジが体現する派手な自由主義の旗を高く掲げ、青年ガブリエルは決して変えようとしない根っから執念深い性格に裏打ちされた深い自信をのぞかせる。この生まれながらの傲慢な態度が鳴りを潜めるのは、名家の跡取りを前にしてあこがれを抱くときだけだった。暗黙のうちに支配関係が構成される学校において、ガブリエルは型破りな大騒ぎを引き起こした。

エリート校の例に漏れず、エコール・アルザシエンヌも足掛かりを持たない者にとっては過酷な場所である。何人かいる「アウトサイダー」は、たいていは非常に優秀な成績のおかげで入学できた生徒か、外部から才能がある生徒を引き込むために作られた音楽科クラスの生徒であるが、ほとんどの場合、最も仲の良い中心グループが指揮して爪はじきにした結果である。服装、名前、訛り、その他ちょっとした仕草で社会的、文化的、経済的に異なる出自がわかってしまう生徒には、露骨に仲間外れの仕打ちが向けられる。

甚大な巻き添え被害によって、どれほどの権力が数人の手に集中しているかが明らかになるのも珍しいことではなく、教師がとばっちりを受けることもある。実際に私がリセ二年「日本の高校一年に相当」のときには、生徒のあいだに享楽と何かにつけて非難を浴びせる雰囲気が広がってひどい一年になった。教師は、いつ終わるともわからない集中砲火を浴びてたじたじだった。積み重なった特権、文化的な「バックグラウンド」から得られる気楽さ、絶対的な閉鎖性、学業に関する心配が無用であることによってクラスに好戦的なムードが生まれ、学校側はそれを抑え込むことができなかった。生徒たちは監視員や教師に対して優位な立場にいることを十分過ぎるほどわかっているという態度を取った。教師のなかでも最も意志の弱い者たちは、家柄が良いわけでもなく、裕福で安定した社会階級の出身でもないので、攻撃的なブルジョワジーの行動規範についてゆけず、それまで軽蔑さえしていた生徒たちの軍門にくだる。自分たちを締め付けて秩序を維持しようとする者に向かって反抗する生徒たちにとっては、これは思いがけないストレス解消になる。この同盟は奇妙なものであるが、完全に機能する。特権が集まる裏では、生徒が家族から完全に見放されていることもしばしばあり、そのような場合は行き過ぎた野心が人格を破壊し、人間関係を否応なくズタズタにする。

シアンスポ〔パリ政治学院。社会科学系の特別高等教育機関で、グランゼコールのひとつ〕、ＨＥＣ経営大学院〔パリ商工会議所によって建学されたビジネス・スクールで、グランゼコールのひとつ〕、場合によってはパンテオン＝アサス〔パリ第二大学のこと。法学、経済学、政治学が専門〕、エコール・ポリテクニーク〔理工系エリート養成機関。グランゼコールのひとつ〕が学生に何か議論をさせることができるとしたら――見たところ、どの学生も社会階級の再生産の成功の保証人であることを念頭に置こう――、議論は主に別荘、流行のディーゼルのジーンズ、学校の選りすぐりを呼ぶようになってきたパーティーの比較、などになる。社会から認められることがすべてなのである。そのことにかけては、学校は社会がどんなものかを知るのには格好の実験場であり、そこで成功するのは支配者然として特権階級の慣例と風習を守り続ける能力によって選ばれた者だけであって、一から何かを作り上げる能力によって選ばれるわけでは決してない。勇気を示したり、思想のために身を捧げたり、政治や社会問題に参加したりすることは、そこでは少し頭のいかれた人が考えることとされる。

親に金を出してもらい、親の友人に頼んでメディア業界へ顔を売ってもらっていたロック・グループのなかでも、Second Sex〔活動期間二〇〇四―一二年のフランスのバンド。学生のうちにデビューした。バンド名はボーヴォワールの『第二の性』から取ったもの〕は当時最も成功した例であり、その底知れぬ凡庸さにより最も象徴的な例にもなっているが、彼らはヒエラルキーを見事にひっくり返してみせた。グループの出身校は光り輝き、メンバーはパリの寡頭制において二流の空間に属しているという印象を拭い去ることができたのである。したがって、ガブリエル・アタルの同期生のなかでかなり早い段階から知られるようになった珍しい例として、ポピュラー音楽歌手のジョイス・ジョナサンがいるのも驚くには当たらない。彼女は自分のプロデュースとその社会階級的基盤の絶妙なミックスによって一時的にではあるが「チャート」にランクインした。そのために多くの同期生の経歴は印象が薄れたが、同時に安定して見えることにもなった。

知的なことが過小評価される社会では、研究者、優れた科学者や知識人、実業家、優秀な特派員が、ことを荒立てるよりも安定化する役目を担った組織から出てくることはほとんど、もしくはまったくない。経済的なゆとりが保障されているアタルは、早くから政治の世界を選び、そこで地位を得るためならどんなことでもした。二〇〇七年の卒業記念アルバムでは、ほかの生徒はみな仲の良い友達と撮った写真を載せているのに、アタルはジョルジュ・ポンピドゥーが大統領当時使用したポートレートに自分の顔を重ねてページの真ん中に載せている。

組織に順応することしか頭にない青年幹部党員が不足していたマクロン陣営は、若きガブリエルの目には光り輝いて見えた。何事もできるだけ早く成し遂げたいガブリエルには、何かを犠牲にしている暇はなかった。どんな手でも許されるエコール・アルザシエンヌでの体制への同化のための情け容赦ない抗争は、大人になって知ることになるパリのサークルを支配する抗争を前もって体験できる。この学校は権力の仕組みをまるごと模擬し、運動場はその訓練の場となっている。そこでは人はうわべでしか見られないし、外見でしか違いを見せることもできない。常軌を逸した順応主義に基づく権力による実体のない政治が、異議を申し立てられることなく幅を利かせているメディア社会にとっては、この学校は理想的な坩堝である。総合大学にも公立校にも行ったことのないアタルがそれらの学校の規制を担当する国民教育相付けに任命されるまでの人間形成は、ずっとこのエコール・アルザシエンヌで行なわれた。
アンリ゠キャトルやその他の学校の生徒がトップレベルのグランゼコールに入学するためには、自分の才能を示すのにあくせくしなければならないが、エコール・アルザシエンヌの学生は紳士であることを示せばそれでよい。

ガブリエルは父親のキャリアが頂点にあるときにエコール・アルザシエンヌに入学したが、だんだんと個人的ないざこざに直面することになる。誰彼の見境なく極めて傲慢な態度で威圧し、自分をおびやかしそうな者には途轍もない粗暴さで対応して自分を守っているうちに、支配階級特有の軽蔑的態度をわがものとして、その後も手放していない。ガブリエルの母親はアンジェ［フランス西部ペイ・ド・ラ・ロワール地域圏の都市。周辺には古城が多く残る］の名門貴族の血を引く家の後裔であるが、就学期間中にまったく予期せず家庭の面倒を見ることになり、財産と貴族の地位とが手を組む大団円を期待されて結婚したものの、今となっては彼女の血筋と子どもを奪いかねない婚姻関係を守っていくしかなくなっていた。

ここが転換点であり、父親と断絶したマクロンのように、なぜガブリエルが特異でありながら脆い性格になったか、おそらく理解できるだろう。ガブリエルは世の中を見下ろす高い位置に放り出され、それがために打ちのめされるかもしれない。

エコール・アルザシエンヌは、ちょっとした取引をするつもりが少しでもあるならば、財産にかなりの余裕があって貴族階級の出身であると主張できる場合は、大々的に手を組む相手を探して助け合うのに理想的な場所である。それは若きガブリエルが従弟とやはりエコール・アルザシエンヌの生徒である親戚の貴族の末裔とに手伝ってもらって、すぐさま実行したことである。自分は王家の血を引きロシア貴族ともつながりがあると主張して、たちまちのうちに取り巻きを従え、ジスカール・デスタン元大統領の跡取りに近づき、邸宅に招かれると、当時崇拝していた元大統領に取り入った。それからは元大統領の経歴を自分もたどり始めるが、その世界からはいつ何時追い出されるかわからないと覚悟していたし、経済的な不安定さを隠せなくなることも恐れていた。

12

あとはチャンスを作り出して、野心に中身を込めずとも、のし上がるだけである。といってもまだ終わってはいない。なぜなら、特権に満足し飽和状態にある社会グループでアタルが幅を利かせているとしても、「一歩抜きん出る」方法を学ぶことが必要だからである。

幸運の女神は厚かましい者に微笑むもので、アタルがその機会を得たのは、アラン・トゥレーヌ〔「新しい社会運動」論や脱産業社会論などで世界的に知られる社会学者〕の孫娘にあたり、社会党のお偉方であるマリソル・トゥレーヌ〔二〇一二―一七年に社会保健相〕の娘であるアレクサンドラとの出会いだった。アタルは信念によって行動するわけではない。左派であろうと右派であろうとトップを目指している政治家で勝つ見込みのある者にくっついて、自分の野心を正当化しようとする。

学校や同輩の「裏切り者の社会主義者」〔労働者階級の利益を裏切っているとして、レーニン主義者が社会民主主義者を侮辱して言う言葉〕を軽蔑するトロツキストであるアレクサンドラは、ＨＥＣ経営大学院を卒業したが、社会ではかなり孤立し、乗り越えられない限界を感じていた。きら星のような取り巻きの中のひとりから急に気にかけられて、彼女はすっかりその気になった。大貴族につながる母方の家系とフランスでも有力な外交官である父［ミシェル・ルヴェイラン・ド・マントン。チャド、マリの大使などを歴任］といった立派な家族のしがらみにとらわれ、権力者の男女の結婚から生まれた一族の中のごたごたにも悩まされて、大衆誌のトップ記事になることもある一家は、バカロレアを控えてまさに優等生になろうとしている二枚目俳優気取りのこの青年に一息つく思いだった。アレクサンドラは、アタルの極端な言動と少しワルなところ、自分が居心地のわるい場所でも余裕を見せる彼の態度に魅かれて、アタルを家族の輪に招き入れ、アタルにとってはそれが将来のし上がるための足場となった。

二人で楽しい時間を過ごし、社交パーティーに参加し、週末は田舎の広大な屋敷へ通っているうちに、些細なことではあるが、この世界に馴染みのない人にとっては驚くような出来事が起きる。のし上がる方法を探していたガブリエルとアレクサンドラは、親たちが放棄することを決めた姓の前につける小辞［貴族の名についている de など］を再びつけるという突飛な考えを思いついたのだ。よくあることになっていたので校長はその要請に驚きもしなかったが、二人は貴族の出身であることを想起させる名で呼ばれるよう願い出た。こうして、クラスメートが驚いたことに、教師から点呼を受ける際、ガブリエル・アタルは高校ではアタル・ド・クーリスとなり、アレクサンドラはルヴェイラン・ド・マントンとなった。

困難なことを成し遂げ、何事にも挑んでいくのが好きなアタルは、マリソル・トゥレーヌの心をとらえた勢いで、セゴレーヌ・ロワイヤルの二〇〇七年大統領選挙運動［社会党から立候補したが決選投票でニコラ・サルコジに敗れた］に足を踏み入れることを許された。彼は極端な自由主義的発言をピタリとやめた。最もタカ派的な思想のために活動し、極端な自由主義的意見と社会的には過剰な保守主義を組み合わせた主張を続けていたアタルは、周りが驚いたことに、筋金入りの社会主義者に変わった。

一八歳を前にアタル・ド・クーリスは、中学生の頃から話し相手の女性の気を引くことにかけての恐ろしいほどの自信を少しも失わず、余裕でバカロレアを取得し、子どもの頃から可愛がってもらったエコール・アルザシエンヌを卒業し、そこからすぐ近くのシアンスポに入学する。そこでも彼は高校で繰り広げた際立ったやり方を再び実行する。

「共和国の能力主義」によって称号を授けられ、神聖なものであると体制が認めた知性に恵まれ、挫折を味わったことがないアタルは、ますますクラスに順応している様子を見せ、最も恵まれている仲間を城や夏の保養地へ招いてコネクションを作り、自分が貴族の出身であると明かすのはやめて進歩主義に突如加わり、結局のところ、前の日まで大っぴらに非難していた政治路線にいつでも貢献できることを示したのである。(31)

シアンスポでのアタルの同期生にはアンリ＝キャトル出身の学生が一二名もいたが、エコール・アルザシエンヌの出身者はその界隈を完璧に知っていることによる優位性と、自分たちがそこに置かれた直接の要因である文化的条件を利用した。圧倒的多数を占める同期生を見下ろす位置にいる「アルザシアンたち」［「エコール・アルザシエンヌの卒業生のこと」］は「社会階級特典」を使って、選抜試験に失敗したか諦めたかしたために両親を心配させ、パリのエリート集団内に留まることを保障してくれる手段を考えなければならなくなった高校時代の旧友を呼び込むことができた。

目立ち続けていたガブリエル・アタルは、数カ月前には激しく嫌悪すると自ら認めていた社会党のシアンスポ支部の代表に会う機会を得た。そこではのちの欧州議会議員選挙において《不服従のフランス》の政党名簿で筆頭候補者となるマノン・オーブリーと出会う。また、親戚の友人を通じて、自分がイングリッド・ベタンクール〔コロンビアの女性政治家。コロンビア大統領候補者となっていた二〇〇二年、コロンビア革命軍に誘拐されて捕虜になっていたが、〇八年コロンビア国軍によって解放された。フランス国籍も有し、救出作戦にフランスが関与した可能性が指摘されている〕の解放支援グループの実力者だと周囲に思わせようとしていた。さらに、シアンスポ入学で得られた社会階級的基盤を完全に補完する縦のネットワーク構築に必要な人脈をそこで見つけることができた。

しかし、彼のうわべだけの忠誠は支配欲を隠しおおせるものではない。両親に家賃を出してもらっているアパルトマンからすぐ近くにあるヴァンヴ市〔パリの南西にあり、パリに隣接している〕の社会党地域支部で目立った存在になろうとして、マリソル・トゥレーヌの訪問を手配し、社会党秘書官でヴァンヴ市の野党側参事会員という人物に紹介され名を覚えられる。この参事会員は二〇一四年の選挙で社会党が敗退したのを機に、その座をアタルに譲った。ヴァンヴ市参事会員の後継者となったアタルは、この裏切りに「ちょっと困惑」することになる(32)。

この失敗にも懲りず、アタルは社会党のインテリ層に近づこうとする。ベタンクール一族との関係を使って政界でのネットワークを広げ、ベタンクール解放支援組織のフランス代表コーディネーターであるエルヴェ・マロ――その後すぐにパリ市参事会員になる――のグループに入ろうと試みたが何も得られなかった。ただ、イングリッド・ベタンクールが解放されてヴィラクーブレ［パリ南西の街でフランス空軍基地がある］の滑走路に降り立ったときには、そこに居合わせることを許された。このときの感極まる様子は二〇一八年夏の『パリ・マッチ』誌の記事で詳しく語られている。アタルはシアンスポ第一学年ではまだ小辞の「ド」を名前に入れていたが、またそれを消すことにした。といっても、あったほうが都合がよくなれば、ためらうことなくまた付けるだろう。(33)

いずれにせよ、シアンスポの社会党支部を掌握する計画は壁にぶつかり、(34)学業のほうも困難な状況になってきた。第三学年になり、総合大学へ行くのではなく実地研修を選択せざるを得なくなる。アタルはヴィラ・メディチ［ローマにあるヴィラを中心とした複合建築物で、フランスの国有資産。現在は在ローマ・フランス・アカデミーが使用し、各分野の留学生を受け入れている］を選び、一年近くのあいだ、そこで羽を伸ばした。

厳しい時期に差しかかり、アタルもそれまで守られていた繭の中から外に出ると困難が待ち受けていることに気づき始める。シアンスポでの競争は、強欲さでは引けを取らないほかの跡継ぎたちが相手となる。アタルは一層の努力が必要になったが、あっさりとパリ第二大学法学部の学士課程に入学した。［二〇一二年の大統領選挙に先立って行なわれた］二〇一一年の社会党予備選挙ではフランソワ・オランドを応援し、マリソル・トゥレーヌを「通じて」ピエール・モスコヴィッシ［経済・財務大臣、欧州問題担当大臣などを歴任。二〇一二年の大統領選挙ではオランドの選挙対策委員長］宛てに自己ＰＲを送り、今度は選挙対策チームに近づこうとする。しかし、またしても結果はついてこなかった。そして、シアンスポのパーティーを企画するためにアタルが登録している学生リストは、学内で予備選の行方をまとめる力になるはずだったが、票を獲得できず、からかわれることさえあった。[35] シアンスポの学長リシャール・デコワン[二〇一二年四月、在職中に急死]に向けてアタルが執筆し、『オプス』[旧『ヌーヴェル・オプセルヴァトゥール』誌がネット上で展開するもの]の読者参加型プラットフォームの「ル・プリュス」に掲載された追悼文は、実際にはなかった故人との近い関係をそれとなく匂わせているが、期待していたような反響はなかった。不安が募り始める。

それでも奇跡が起きた。アレクサンドラが大学第一期の遅れとアンリ＝キャトルでの留年を取り戻すことに成功したのだ。彼女は一年遅れてシアンスポに入学し、ガブリエルは、ほどけかけていた糸を結びなおすことができた。卒業証書をもらうため職業経験が必要になり、アタルはアレクサンドラの母、マリソル・トゥレーヌのもとで実地研修を受ける機会をものにした。それは二〇一二年一月、大統領選の選挙運動真っ只中のことであり、アタルの保護者となったマリソル・トゥレーヌは社会問題の分野を担当していたが、組閣されればマルティーヌ・オーブリー[社会党第一書記、リール市長、労働相、雇用・連帯相などを歴任している]がその分野を担当するはずだった。その場しのぎでしかなかったはずのことが、運命のいたずらでジャンプ台になることがある。二年後にマクロンが経済・産業・デジタル大臣に就任することになるいきさつと同じような偶然が重なり、またマルティーヌ・オーブリーが社会問題担当相就任を拒否したため、そのポストは、第二左翼[一九七七年、急進的、中央集権的なフランソワ・ミッテランと対峙していたミシェル・ロカールが、市民参加型の地方分権、地域主義を主体とする非マルクス主義の社会主義を唱えたもの]で重責を担い多くの道を開いた偉大な父アラン・トゥレーヌの娘マリソルに内示された。この分野を担当してから何年か経っていたものの、ここは女性蔑視の世界であり、マリソルには予期していないことだった。大急ぎで官房を作り上げなければならなかった。野心もなければ思想もない政権において、何の変哲もない者たちを特別扱いするだけの流れに乗じて、せいぜい閣外大臣と予想されていたマリソルが社会問題・厚生大臣に抜擢された。待望された左翼政策を実行に移すために必要な並々ならぬ手段を付与された重責である。そのために彼女は、有能であったり忠義を尽くす者でなくても、自分を守ってくれる取り巻きをそろえなくてはならなかった。ガブリエルはこのとき、この分野の問題について明らかに何の知識もなく、正式な職務を遂行したこともなく、大学で何かを専攻したこともなく、シアンスポで最終学年をやり直さなければならないと通知されたばかりだったが、内閣の最重要な省の官房に正規の顧問として加わることを打診された。

ヴィラ・メディチでの研修が、そのときもアタルの唯一の「職業経験」だった。それは国家で最も光輝く職務である大臣に任命されるまで変わらなかった。

二三歳になったばかりのガブリエル・アタルは、権力への接近を続けてきた結果として、フランスでも最高レベルの報酬を受け取っている人に事実上匹敵する給料を手にした。二人の秘書を与えられ、高級レストランや官房の公用車の利用も許された。留年することもなく翌年には修士の学位も取得するが、それはシアンスポの学長と取り決めを交わしたことと、のちにエドゥアール・フィリップの顧問となるフランソワ＝アントワーヌ・マリアニが与えた資格認定によるところが大きい。このようにしてシアンスポは、先々自らに便宜を図ってくれて、自らの優位を存続させてくれそうな者を巧妙に産み出しているのだ。

これは二〇一二年のことであり、アタルは自分の運命を受け止める覚悟ができていた。

13

三九歳の人物を最年少の共和国大統領にした運命との奇妙な類似を感じない人は注意深く読んでほしい。どれほど法外なことか、繰り返そう。二三歳で、それまで職歴もまともな資格もなく、能力も専門性もなく、小辞の「ド」を失った若者が、共和国の最重要ポストのひとつに就き、すぐにボーナス込みで月六〇〇〇ユーロに届くような報酬を国から受け取り、どんな制度下にあっても普通は非常に優れた奉仕をする者だけに与えられる特典も手にしているのだ。

アタルは国会対策担当として、新大臣に就任したマリソル・トゥレーヌの親衛隊を組織することになった。見栄が嵩じて、アタルはただちに同期生だったカンタン・ラフェ〔国民教育省、経済・財務省などを経てマクロンのスピーチ原稿を書いていた時期もあったが、いまは小説家になっている〕を特命担当官として雇い入れる。フランスの最重要省庁のひとつに対して、また補佐官、研修生、特命担当官に対しても権限を与えられ、共和国の精鋭たちにも馴染んできていたアタルだったが、ソーヌ＝エ＝ロワール県〔ブルゴーニュ＝フランシュ＝コンテ地域圏の県。中央高地の東部にある〕議会議員で、のちにシャロン＝シュール＝ソーヌ市〔ソーヌ＝エ＝ロワール県最大の都市〕の市長にもなったバンジャマン・グリヴォーという人物にひれ伏す羽目になる。

イスマエル・エムリアン〔《共和国前進》の共同創設者で、その後もマクロンの顧問を務めたが、ベナラ事件で辞任〕の旧友で、社会党員だったこともあるグリヴォーは、政策顧問としてマリソル・トゥレーヌの事務所に雇われていた。目立った職歴のないグリヴォーだが、月一万ユーロを超える額を国からもらい、それに加えて三〇〇〇ユーロ以上の地方議員手当を受け取っていた。それでも二〇一四年にはさらに収入を増やそうと、ためらうことなくユニバーユ・ロダムコ［ヨーロッパ最大の商業用不動産投資会社。本社パリ。ユニボールと表記されることが多い］へ赴き、月一万七〇〇〇ユーロ近くを手にする。公共部門からの発注に依存している企業、公共財産を犠牲にしてでも自社の利益を熱心に守ってくれる元国家公務員にたっぷり金を出す企業から受け取る給料に違法な点はまったくないというが、果たしてそうだろうか。『レクスプレス』誌によると、企業を優遇する税制措置が廃止にならないように雇われていたというグリヴォーは、プール付きの大邸宅とスポーツカーをシャロン＝シュール＝ソーヌに残し、私企業でのインターン、シアンスポを経てHEC経営大学院へ入るというよくある経歴をたどったのち、共通の友人を持つエマニュエル・マクロンに指名され政府報道官として「仕事に」復帰した。ベルナール・ムラド［銀行家、企業経営者。マクロンの大統領選挙戦で特別顧問を務めた。小説家でもある］というその共通の友人は、自分の親友を失脚に追い込むような最新のゴシップを喜んで書き送ってくれるような人物である。首相付き副大臣でもあるグリヴォーは、国民全体の利益を自分の足で踏みにじっておきながら、それを守るのが自分の職であると言うかもしれないが、そう言っていられるのはフォークリフトの挑発に震え上がるまでの話である［二〇一九年一月五日、黄色いベスト運動で暴徒化した一部がフォークリフトで政府庁舎の門を突き破り内部へ侵入した。中にいたグリヴォーは裏口から避難した］。

このような行ったり来たりは各人の利益になる。たとえばバンジャマン・グリヴォーは、マクロンの選挙陣営から給料を受け取り、収入は月六〇〇〇ユーロにもなっていたが、以前雇われていたユニバーユに掛け合ってマクロンが大統領候補として開催する決起大会で使用するパリ・エクスポ・ポルト・ド・ヴェルサイユ［パリ南西端にあるフランス最大のイベント会場］の賃貸料を安くするよう依頼されている(36)。

セギュール通り［パリ七区］にある厚生省で、ガブリエル・アタルはすぐに気ままに振る舞うようになる。周りは何の考えも野心もなく自分のことしか頭にない者たちばかりだったが、ヴェルサイユのブルジョワ一家の若い跡取り、ステファン・セジュルネに紹介された。のちにエマニュエル・マクロンの政策顧問となるセジュルネは、メキシコとマドリッドの粋な学校リセ・フランセを出ていて、イル゠ド゠フランス地方［パリを含む広域行政地域圏］議会の議長［一九九八―二〇一五年］を務めていた社会党のジャン゠ポール・ユションの事務所でポストを得て、ロビー活動のこまごました仕事をしたあと、三〇歳で《若き社会党員の運動》（MJS）内の「ラ・ルレーヴ」［交替］の潮流とピエール・モスコヴィッシ支持派を盛り立てようとし、その後、のちの共和国大統領の顧問になった(37)。

ことは動き出した。社会党中枢の支配力が失墜すると、それまで思考力も責任遂行能力も見せたことがなく、現実世界に関わったことも微塵の困難に遭遇したこともなく、他人に偉そうにするか手厳しい態度をとるくらいしか特別な能力を示したことがない若き陰謀家たちが、世代交代の準備を始める。彼らは、二〇一七年には社会党からそれなりに厚遇されることを期待していたが、支持していたモスコヴィッシが欧州委員会へ脱出して孤児状態になり、党の崩壊を受け入れざるを得なかった。そのような折、パリのエリートの中でも評価を上げていたエマニュエル・マクロンなる人物を半信半疑でディナーに招く。セジュルネはそこで自分を売り込んだ。一方、バンジャマン・グリヴォーはいつかアルノー・モントブール［二〇〇八―一二年、ソーヌ＝エ＝ロワール県議会議長。同時期にグリヴォーは副議長だった。その後、二〇一四年まで経済相］と張り合うことができるだろうと考えていたのか、モントブールと対立していた。失敗に懲りたグリヴォーは、友人エムリアンを通じて自分もマクロンのもとに駆け込んだ。そこへガブリエル・アタルも加わることになる。

しかし、ことはそう簡単には運ばない。マクロンは大統領府でのフィリップ・レグリーズ＝コスタ［オランド政権下でヨーロッパ問題担当顧問］との対立など、内部抗争で疲れ切って大統領府副事務総長［二〇一二年五月―二〇一四年七月］の職を辞し、鞍替えを考えなければならない状況だった。そのタイミングで「マクロンの奇跡」が起きる。当時経済相だったアルノー・モントブールが一五〇億ユーロに及ぶ予算割り当ての議論の結果、政府と決裂したとき、ジャン＝ピエール・ジュイエと財務監督官が政界でのキャリアを諦めかけていたマクロンをかつぎ出したのだった。民主主義のルールなどまったく顧みないグザヴィエ・ニールとベルナール・アルノーのコンビがスポンサーにつく。メディアは同調する。自らの野心の実現を利する道しか見えない空っぽの頭で、公共の財産を自分の役に立ちそうな者たちのために使うことを厭わず、アミアン［フランス北部の都市で、マクロンの生地］でエコール・アルザシエンヌと同様の役割を担うイエズス会系の高校ラ・プロヴィダンスを卒業し、人生の五年間を試験に合格するために費やして「共和国の能力主義」の仕組み全体を熟知している地方のブルジョワの立派な跡継ぎで、ジュイエのときと同じように実業家アンリ・エルマンの気を引いたマクロンは、二〇歳を前に失敗を重ねたこともあったが、アタルのように一躍有名になった。

若き陰謀家たちにとって、これは申し分のないチャンスである。政策の専門家として新経済大臣の議会対策顧問になったセジュルネは、友人でのちに国会議員となるピエール・ペルソンをただちに雇い入れようとする。一方、ラフェは財務省に雇われる。駆け引きの失敗に突き当たったペルソンは、財務省が規制を管轄することになっているウーバー［アメリカのウーバー・テクノロジーズが運営する、自動車配車ウェブサイトおよび配車アプリ］のロビイング担当局に入るため、仲間のステファン・セジュルネにコネを使ってくれないかと頼んだ。セジュルネはこのようなごたごたにはあまり動かないほうだが、このときはガブリエル・アタルが乗り移ったようになり、知り合いに声をかけマクロン派の旧友を動かした。ポワティエ大学で教育を受けたペルソンは、自分のことをまだ社会主義者だという大臣の前衛として必要なことをそこで学び、国家機構の内部に得たポストを利用して仲間のセジュルネ、その他ゆくゆくは体制の幹部となるが、MJSのトップになろうとして果たせなかった者たちとともに、《マクロンを囲む若者たち》という会を組織した。彼らはそろって《共和国前進》所属の国会議員になった。《マクロンを囲む若者たち》はエムリアンが上から活動組織を構成し、セジュルネとその仲間たちが下から創設の青写真を描いた。

［元首相フランソワ・］フィヨン、［元首相アラン・］ジュペ、オランド、［元首相マニュエル・］ヴァルス、サルコジといった既存の体制の大統領選候補者が総崩れするなかで、マクロンは自分に説得力があるところを見せることができたし、あまりあてにならないが活動を構成するための若い衛兵となる人材を見つけた。ロビー活動の事務所を創設するため大統領府を去ったばかりだというのに、絶体絶命の大統領から大臣に任命されたマクロンは、請け負ってはみたもののやる気が出ないことを隠すために数カ月でコミュニケーション活動組織を立ち上げた。官房を構成するだけのコネクションがないので、

まだ人となりをまったく知らなくても、中身がなくても野心だけはある長所を持つ若者を信用した。これは逆説的なことだが、彼は出世が早過ぎたため幹部ポストに就いたことがなく、自らの陣営を組織するために近しい人や信頼のおける人に頼ることができなかった。そういうわけで、妻と三〇歳前後の三人、すなわちセジュルネ、そしてグリヴォーとエムリアンに頼りつつ、前進を始めたのだ。

14

新大臣エマニュエル・マクロンが信じるものはただひとつ、つまり自身を作り出した体制だったが、その空虚な野心はエムリアン、グリヴォー、セジュルネ、ポワティエ大学出身者のグループ、アタル、その他の似通った者たちに完璧に反映されていた。マクロンが顧問を探していたとき、まだ若いセジュルネが現れたのだが、のちのご主人様に似て独自の考えを持っていないということはさておいて、自分は社会党の主要な一派に属していて、モスコヴィッシ派の勢力をマクロン陣営に引き込むことができると称していたので、ますます理想的な人物に思われた。その勢力は《左派の必要性》という名前だった。セジュルネはその名簿を持っていて、《若き社会党員の運動》の名簿と合わせれば完全なものにできた。マクロン法〔二〇一四年一二月に提出された「経済の成長と活性のための法律」のこと。商店の日曜日営業の規則緩和や、長距離バス路線の自由化などの規制緩和策からなる〕を確実に成立させるのがセジュルネの任務であったが、失敗した。彼の将来の道が閉ざされたとしてもおかしくないこの時期に、かえって大臣とその顧問は強固な絆で結ばれた。労働法の改正と、より一層際立ってくる社会党の裏切りに苛立ったデモ参加者で街路が膨れ上がろうとしているとき、ヴァルス首相は、〔ベルナール・〕カズヌーヴ内相の助けも得て、マクロンに議会を強行突破させた［二〇一五年二月、憲法四九条三項の特別処置に訴え、国民議会の表決を経ずに法案を採択させた］。その結果、民主主義は危機的状況になり、第二マクロン法に該当する部分を撤回したミリアム・エム・コムリ［二〇一五—一七年、労働大臣］によって状況はさらに深刻さを増した。秩序維持が極めて困難となって多数の負傷者が発生し、フランスの一部の若者が過激化するに至った。

しかし、生まれつつある権力の護衛となり、中間選挙で失敗し、何の正当性も持たず、先達が倒れていく姿を目にしても、フランスが危機的状況にある原因を深く掘り下げて考えることはせず、異議を無視して新たな出発を提案してくれる財界、政界のエリートを呼び込むことしか考えないのが、セジュルネをはじめとするこの若者たちである。といっても、まだ社会党の権力中枢と袂を分かつときではなく、もう一押しすべきときだった。社会党の権力中枢は裏切りの報いと党員の流出により大衆の支持をなくしていたので、唯一の望みは寡頭支配者たちの支持を確かなものにすることだった。そして、強力かつ即利用可能なカネとメディアと国家の力によって、ほかのライバルたちをひるませることだった。

機能停止状態の政府に身を置いていた上昇志向の若者たちは、二股をかけながら、それを最後まで貫いて過分な報酬を受け取り、メディアの沈黙に紛れて、次期共和国大統領のために国家の財力を動かす戦略を実行に移した。その間、エマニュエル・マクロンは上層部の征服を続けた。ガブリエル・アタルはかなり遅くまで二股をかけつつ、だんだんと布陣の中心へ向かって吸い寄せられていく。彼は時間を惜しまず、自分の幸運を信じて仲間とともに驚くほどの資金を集めた。密かに集められたその資金は、マクロンが大統領に任命されることがなくても、その先の選挙での勝利を確かなものにするほどのものだった。

寡頭支配者たちが影響力の及ぶ経路が明らかになるのを毛嫌いすることを利用して、アタルとステファン・セジュルネは、政治的な「パワー・カップル」になって各人を配置したり異動させたりした。社会党の権力中枢が衰退していくなかで、自分が如何に持ちこたえ、這い上がり、居座るかが問われていた。

選挙に勝利すると、二人はグリヴォーの内閣登用を擁護し、セジュルネはエムリアン、ラフェ(38)とともに大統領府に入った。セジュルネは、相棒のアタルに加えてペルソン、タシェ［オーレリアン・タシェ。二〇一七年から国民議会議員］、その他何人かの《マクロンを囲む若者たち》の創設メンバーのために、いつでも選挙区を用意できるように手を打った。彼らは、折り紙付きの若者には何万ユーロもの小切手でも喜んで切るエルマンとベルジェの二人から密かに資金援助を受けていた。セジュルネは、古い世界の慣習をことごとく排除するはずだった政党の公認候補指名委員会で大統領の代理を務めた。その委員会で彼はガブリエルに負けるはずのない選挙区を与える。そしてイスマエル・エムリアンと多少の衝突はあったものの、この明らかな同族登用が知られることはなかった(39)。というのも、そこでは以前から誰もが全力を尽くして人材探しをするシステムの一員となっていて、財務省では交際費と官房職員数が膨れ上がり、顧問は本業に支障をきたし、腐った政治的野心のためだけにイベントを企画していたからである。

社会党議員との関係を任されたアタルは、まだフランソワ・オランドに忠実だったマリソル・トゥレーヌの目と鼻の先で、社会党議員のネットワークを吸い上げていった。社会党が死を待つのみの場所になっていることを理解したアタルは、活気の失せた左派議員のネットワークを利用しながら自分の乗り換えの準備をする。彼はマクロンに推薦する者を片っ端から事務所に呼びながら、二〇一七年の国民議会選挙の社会党公認をヴァンヴ〔パリ南郊の町〕でもぎ取ろうとした。それは、地方議会選挙でバルトロン〔クロード・バルトロン。二〇一二―一七年、国民議会議長を務めた〕の選挙運動に加わった後のことで、そのときも《前進》のために密かにコバンザメのような働きをしていた。《前進》は訳あってまだぎりぎりのところで社会党に残っていたが、それは社会党の一派閥として統合に加わることもまだ考えていたからである。

セジュルネは経済・財務省にいる同僚のイスマエル・エムリアンとともに、彼らが擁立するマクロン候補のためのイベントを次々と企画し、経済・財務省の財力を使って二年も経たないうちに一〇〇〇人以上の企業経営者と同数ほどの重役を招くと、すぐさまマクロンを勝たせるための選挙資金徴収を持ちかけていた。(40) 一方アタルは、《前進》の活動の骨格となる《マクロンを囲む若者たち》のグループを密かにまとめていた。そして、そこに駒を配置した。決して危険は冒さず、自分のポストと社会党から要職に任命される可能性とを失わないように注意していたところ、ニューヨークからもポストの約束を得た。普通はフランス人の中でも高級公務員に限られている権威のあるポストが、国際連合の保健部門に保障されていた。二六歳にしてガブリエルは安泰だった。選挙の結果がどうであれ、代議士になるか、国際公務員に限られた外交特権と少なくとも二倍の給料を手にするかのどちらかである。

ガブリエルはすでにフランスの給与所得者の上位二パーセントに入っていたが、同族登用によって一生涯の道が開かれた。その間、アタルがまだ自分に忠実であると信じていたマリソル・トゥレーヌはフランソワ・オランド から首相就任を内示され、彼に壮大な計画を話した。

15

セジュルネとガブリエル・アタルの二人組は各自の資本を持ち寄って、マクロンの一足飛びの出世において重要な役割を演じた。アタルは、シアンスポ在学中に得た社会的資本を使い、自分がエコール・アルザシエンヌ在学時から築いてきた上流階層のネットワークと同じところに属していることを重視して、「しかるべき教育」を受けた者を推挙した。十把一絡げだった。セジュルネはマクロンのもとに殺到する者の多さに強気になり、アタルのおかげで自分が得た影響力を見返りとしてアタルに与えた。この頃、彼らの口から政治的な発言がされることはなく、公約もなく、魅力的な地位に就くこととそこで楽をして儲けること以外、なぜこういうシステムを構築するのかについても考えられることはなかった。

野心の中身は空っぽで、器の中には要求も入っていない。興奮はうぬぼれに過ぎず、裏切りへと向かうしかない。エマニュエル・マクロンは大急ぎで担ぎ出された。政界の惨憺たるありさまは既存の体制のすべての候補に影響していた。マクロンは大至急、信頼できるネットワークを作り上げて、準備ができているという印象を与える必要があった。それから何カ月かかかって二〇一七年三月にやっと、大統領候補としての多少なりともまともな提案が現れた。マクロンの顧問はそろってマクロンと同じくらい想像力も思考力もないので、「中身をつくる」ためには、側近と親戚を動かすしかなかった。それでも、マクロンが権力を手中に収めていく様子に当惑したマスコミはあまり取り上げることもなく、むしろ好意的に見ていた。マスコミはマクロン候補に政策綱領がないことに気づいていたが、無気力と妥協が極まった挙句の果てに、それを革新的なことであるかのように紹介するまでになった。動き始めた広報部門は、この明らかな難点を切り札にし、弱点を独創性にする。こうして、寡頭制の外にいる候補が勝つことのないように大急ぎで作り上げた選挙キャンペーンの無意味さを隠蔽できた。

グランゼコールを卒業したわけでもなく、パリのエリート社会に入ってもいないセジュルネという名の若者のために自分ができることを完璧に理解していたアタルは、マクロンが自分に何を頼るかもわかっていた。経済危機と共食いの政治によってエリートのあいだでせめぎ合いが始まっていたが、そのようなときでもアタルは、エコール・アルザシエンヌの旧友たちのなかで地位を落とさないように戦った際に培った思考法によって、生まれつつある体制のなかで頭角を現すのに極めて有利な立場にいた。人がどんどん集まってくるところで権力を持ち、一〇人ほどの若者に声をかけ、テストし、推薦できる者は姿を現しつつあったマクロン陣営の網に引き込んだ。彼らの名前は「マクロン・リークス」のメールのやり取りのなかに、飾らない野心とこれっぽっちも内容のない提案に交ざって散見される。エコール・アルザシエンヌの卒業生とグランゼコールの新卒者の合流点にいたアタルは、それを利用して自分が上の地位へ行き、ヴァンヴのあるオー＝ド＝セーヌ県で国民議会選挙の社会党公認を得られなかったことを人々に忘れさせることができた。

そして、公約は何ひとつ発表しないまま、フランスで最も確実で手に入れやすい選挙区を得た。パリからすぐ近くのヴァンヴとイッシー＝レ＝ムリノー［ヴァンヴの隣の市］で、二〇年来その地を牛耳ってきた大物のアンドレ・サンティニ［二〇一七年まで国民議会議員、その他イッシー＝レ＝ムリノー市長などを歴任。中道右派］が再出馬しないことを決めたので、アタルが立候補を表明した。そこは九〇パーセント近くの人が大統領選でマクロンに投票した場所である。こうして、共和国大統領の代理(41)として公認候補選定委員会に席を持つセジュルネを相棒に持つアタルには、大きな道が開けた。エマニュエル・マクロンが大統領に選ばれたので、アタルは「公約」を公式に発表し、こっそり履歴書を書き直し、マクロンが先に行なったように、スタートアップ企業を起こそうとしていたら急に政治の世界からお呼びがかかったと言い張ればよかった。そして、労せずして議員の座を手に入れた。二〇一七年六月一八日、ほとんど選挙運動をすることもなく、アタルは国民議会に入った。

大統領顧問に任命されたセジュルネは新たな国民議会内のポスト割り当ての監督などを担当していたが、そのセジュルネの助けによりアタルはすぐに文化・教育事業委員会のグループ・コーディネーターのポストに抜擢され、新しくできた議員仲間に対する影響力を徐々に強めていく。権力の根元から情報をもらい、大統領府の機密事項も全部知っていたので常に他者より一歩リードしていたが、出世の原動力になっているものはすっかり隠しながら、パルクールシュップの法案報告者のポストを難なく手に入れた。パルクールシュップの実施状況は惨憺たるもので、後には何の効果も残さなかった。アタルは大統領府に近い立場を利用して、大統領府に敷かれた秘密主義政策のせいで手持ち無沙汰になったジャーナリストたちに対する影響力を持ち、彼らと情報を交換しながら、大物ぶりを印象づけた。権力に近づいて行く者は、人の目を眩ませ、その過程で見過ごされた特別の動きを「あとから」正当化する。だからこのとき、アタルの出世の原動力となっているものを誰も暴こうとは思わなかったのだ。

身内を選出する第一段階において、アタルは「エスタブリッシュメント〔既成の支配階級〕」のためにあれこれ請け負って担保を増やしたが、その後には、エマニュエル・マクロンの場合と同様に、こうして集めた莫大な資本を名声に変えて、フランス国民にその名前が知られることが課題として残った。パルクールシュップの失敗で、きりのない論争に巻き込まれながらも、また、何ら功績らしいものはなく、疑わしいカリスマ性とおぼつかない弁舌しか持ち合わせていないにもかかわらず、二〇一七年一二月、まったく予期せぬことに、若き代議士アタルは自分を代議士にしてくれたまさにその人によって《共和国前進》のスポークスマンに抜擢された。二八歳になっていたアタルはまだ世の中に知られていなかったが、二カ月後に初めて記事に取り上げられる。

国鉄職員と学生の抗議運動の真っ只中、大統領府がフランス・アンテールの朝番組にアタルをゲストとして出演させることになったのはその頃だった。それは出演しないほうが得策だと重々承知しているジャン＝ミシェル・ブランケール〔国民教育相〕の代役だった。

幼い頃から見せてきた上流階級育ちの自信がついに実を結び、ゴールデンタイムの一時間ものあいだ、意見を表明するのに一役買った。共和国大統領は「何の価値もない人たち」を皮肉って、「バカみたいにカネがかかり」、悲惨な生活でもがき疲れて「たわ言を言っている」だけだと言った。一方、アタルはホームレスをユーモアでチクリと刺し、自分の選挙区内で行なわれていた疲れ果てた郵便局員のストライキをつぶそうとして、「選挙区の住民を守るため」と言いつつ、かつての公共サーヴィスの従業員の格好をして郵便物を配達した。本性を隠そうとするでもなく、彼がいろいろと仕出かしてきたことを見れば、自分を作り出した階級に仕え、その階級によって確立された存在が持つ真の考えが浮かび上がる。アタルはグリホサート［アメリカのモンサント社が開発した除草剤。発がん性をめぐって訴訟が起こされている］の使用禁止を望むと公式に宣言したあとで、仮面を脱ぎ捨てて、使用禁止に反対の票を投じた。(42) また、「フェイクニュース」についての疑わしい法案を推進したこともある。さらには、おそらく目立ちたいというだけの浅はかな考えから、「モモ・チャレンジ」［オンラインのホラーゲーム。アルゼンチンの少女が自殺した原因ではないかと疑われている］を規制する活動を始めようとするが、惨めな失敗に終わった。議員に当選して一年も経たないうちに、たった二八歳のアタルは『パリ・マッチ』でデビューを飾った数日後に、フランスの議会多数派グループの会長に立候補した。そしてその数週間後、副大臣の職が与えられるとわかると、立候補を取り下げた。

アタルは自分だけが大統領府から情報ネットワークの提供を受けていることを知っていたし、彼のほうもミミ・マルシャン［本名ミシェル・マルシャンは、大衆メディア界に君臨する女性で、大統領選挙キャンペーンの世論操作を託され、マクロンとブリジットを売り出し、彼らのスキャンダルを潰したりした裏世界とつながった人物。当選後、大統領夫妻のスポークスウーマンになるが、その後失脚することになる。次章で詳述］をバンジャマン・グリヴォーに情報担当顧問として紹介した。それは、自分の内閣入りを準備して、それをあとから正当化するために自分を売り込む活動の始まりだった。

二〇一八年一〇月一六日、アタルは国民教育・青少年大臣付き副大臣に任命され、相応の予算と政治的権限を与えられ、普遍的国民奉仕［一九九七年に廃止された徴兵制度に代わって一六歳の国民全員に義務付けられる公共奉仕活動］の実施担当になった。このとき、驚かなかったのは彼だけだろう。議員に当選したときから、彼の野心を満たすためだけにフルタイムで勤務する三人のスタッフを与えられ、二二歳から二七歳にかけて厚生省で使っていた執事と公用車を国民議会から支給されるものと取り換えたあと、何の努力をすることもなく、まったくの成り行きでフランス国家の心臓部の役職に任命されたのだ。方向を間違えずに二、三歩進んだだけである。そこへ一見取るに足らない話が浮上した。副大臣に任命されたとき、議員に選出されてから一年以上経っていたが、この若き代議士は自分の選挙区にいまだ選挙事務所を開設していなかったのである。

マクロン陣営の昇り竜は、自分の経歴にとって、選挙区民などいかにどうでもよい存在だと思っているか、図らずも露呈してしまったのである。

第三章　常軌を逸した権力

16

二〇一八年九月。大統領の権力が黄昏時を迎える。
グラッセ社から出版予定の『ミミ』という本が上層部で不安の種になっていた。その数カ月前に起きたショッキングな出来事が、発刊まで漕ぎつけるのに苦労していた本の出版にとって追い風となった。その張本人、アレクサンドル・ベナラは、警官に扮してコントルスカルプ広場［パリ五区］のデモ参加者を捕まえたうえ殴り、それまで向かうところ敵なしという雰囲気だったマクロン陣営のオーラを消し去ったのである。国家権力に立ち向かう何千人ものデモ参加者で膨れ上がった黒山の人だかりから少し離れたところで、数カ月後には国を炎上させることになる激しい衝突への序幕が演じられていた。

この事件にエマニュエル・マクロンの護衛チームのひとりが関わっていたことが、［二〇一八年］七月中にアリアヌ・シュマン［『オプス』、『ル・モンド』で勤務したこともあるジャーナリスト］によって暴かれた。それは、フランスに昔からあり、ライバルグループ同士の裏切りの連続からなる情報伝達網の再活性化を意味していた。一見たいしたことではないこの出来事が引き起こす惨状は、『ル・モンド』をはじめとして誰も予想していなかった。絶望的状況にあるマスコミがこぞって何度も書き立てた、純真無垢のうちに誕生したというマクロン陣営は、このたわいのないゴシップによって初めてひび割れを見せ、やがて火がつく。共和国大統領の敵はあまりのショックに数カ月間呆然としたあと、容赦のない戦いを始め、それはずっと続いている。

このときの興奮が『ミミ』の出版を後押しし、可能にした。伝説が少しずつ煤けた色を帯び始め、権力の裏の姿、馴れ合い、腐敗、従属、フランスから未来を奪うために動いている権力の暗部が姿を見せ始めた。

政治にはリズムが重要である。敵を不意打ちしたと思っていたエマニュエル・マクロンは、中間選挙で基盤のない権力を強固なものにできると考えていた。ところが、国家の宣伝機構が素早く行動して彼に元々あった汚点を消したことで勝機が生まれていた賭けは、家臣のつまらない逸脱行為によって、負けになりそうだった。策を巡らす額に汗がにじみ始めたとき、「全国大討論会」を思いつき、そのために、かつて自分が出馬した選挙で勝つために動員した国家機構を政治目的で利用する。

それでも溝は埋まらず、才能と厚かましさだけで一国を征服したはずだったブロンドの鬢《びん》に空色の瞳の若者は、その出世において初めてつまずき、その失墜は国家の経費で毎日のようにミーティングを開催しても取り繕えないものだった。

というのも、突然表舞台に立たされたのが、パリで影響力のネットワークを構成していた人たちだからである。彼らはこの失墜によってまともに照らし出され、ただちに失墜を避けようと行動した。その背後には、利権屋、贈賄の常習者、権力が決まって抱える追従者に加えて、それまでは明るいところを避けてきた資産家の大物たちの影があった。

マスコミの目は、ベナラ、クラーズ［ヴァンサン・クラーズ。ベナラの共犯者で、大統領府に勤務し、《共和国前進》の保安部長だった］といった、甘い汁を吸っていた下っ端たちに向いている。われわれはもっと上を目指そう。

理由を理解するということは、常軌を逸した権力の本質を理解することである。そのために最良の方法は、一見ありふれたように見えるテクストに基づきながらも、その三人の著者の力によって前に進むことである。二人の調査ジャーナリスト［ジャン＝ミシェル・デキュジス、マルク・ルプロンジョン］とひとりの女性小説家［ポーリーヌ・グエナ］の共作であり、寡頭制が昔から引いてきた境界を初めて突破したテクストである『ミミ』は、権力と馴れ合って、権力に支配されているマスコミが親密な関係に配慮してこれまで描いてきた不透明な境界を粉々にした。二〇一八年秋に発刊されたこの本は、エマニュエル・マクロンの勝利を許した「国民合意の製造」を可能にした主要部品のひとつを驚くほど明らかにしている。それはある特権階級がフランス国民に押しつけた、前代未聞の、拷問に近い集中的な宣伝を通して可能になったのである。

この三人の調査は、ミミことミシェル・マルシャンの人となりを明らかにしている。つまり、パリのエリートたちに内々で選ばれたエマニュエル・マクロンというまったく無名の人物をフランスの大衆に知らしめ、認めさせる目的で、グザヴィエ・ニールから援助を受けて設立した情報会社の中心人物である。

また、この調査によって、マクロンが権力を奪取して、自分を選んだシステムをより強固なものにした第二段階の鍵となった要素を知ることができる。ジャン＝ミシェル・デキュジス、ポーリーヌ・グエナ、マルク・ルプロンジョンによる著作はテレビ、メディアからは妙に距離を置かれているが、二〇〇〇年代初頭、疑わしい過去を持ちながらも億万長者、さらには寡頭制の支配者になった男が、重い過去を背負う女性、ミシェル・マルシャンとどのように知り合ったかを明らかにしている。(43) この出会いの後、ニールは自分のイメージをクリーンなものにし、フランスのトップ資産家へ向けて一気に駆け上るためのパートナーを得た。

この本が明らかにしていることでまず驚くのは、「ミミ」とニールが二〇〇〇年代初頭にそれぞれ刑務所に入っていたときの共通の弁護士を通じて二人が出会ったということである。ミミはフレンヌ刑務所［パリの南端から約六キロメートルのところにある］に収監され、ニールはサンテ刑務所［パリ一四区］のVIP用独房に予審判事ルノー・ヴァン＝リュアンベーク――のちにこの判事はニールの人柄に魅了されたと言っている――によって短期間拘置されていたが、同じ女性弁護士が二人を紹介したことがこの本からわかる。

今では、グザヴィエ・ニールはフランスの最も重要なメディアをいくつも所有していることを思い出してほしい。そして、そのトップには手下のルイ・ドレフュスを据えて、個々の記事の検閲ではなく、情報を作り出す役目を担うジャーナリスト、マネージャー、部長、編集長の採用・解雇、昇進・懲戒を担当させている。あとから見るように、これはかなり興味深いことである。

われわれの国の最も富める者たちは、同時代の人々から好かれようと決めて以来、その非道徳的品行がスキャンダルになることはなくなった。全世界の上位一パーセントの富める者に、毎年創出される富の八〇パーセント以上が集中している現代において、(44)その中でも最強の者たちは、新技術による経済環境の急変と、それが引き起こす広告収入源の移動によって、自力で資金を調達するのがますます難しくなってきているメディアを買収することにした。結果はご存知のとおりである。今日のフランスでは、一〇人の富める者が活字メディアの九〇パーセントを所有している。それは自らのイメージをコントロールするため、あるいは、自らの財産を増強するための政治的影響力を買い取るため、あるいは、ニールが言うように「うるさい奴らを黙らせる」ためである。

『ミミ』という本は、フランスの最も富める者たちの腐りきった裏側を思い起こさせてくれるが、そこにとどまらず、フランス社会のエリートにふさわしい体面を保とうとする者にとっては少々厄介なことまで「暴いて」いる。その体面は次の点で重要である。われわれの支配者は自分たちが模範となっていると主張する限りにおいて正当であると考えられている。つまり、彼らの道徳的、知的、あるいは経済的な模範としての性格が、彼らに与えられた特権を正当化し、社会が彼らに与える権力の鍵のような働きをしている。だから、もしこの「権力」が崩壊するようなことがあれば、波及的に社会全体が崩れ落ちるだろう。

自らのイメージをコントロールするということは、自らの権力を保護することであり、そうであるがゆえにそこにどれほど多くの財力をつぎこむかの説明がつく。それは他者のイメージを加工する可能性を手に入れることでもあり、取りも直さず自分の権威を増すことでもある。「沈黙の掟」を破ることは、間接的ではあっても重大な危険につながり、取るに足らないことが引き金となって衝撃が広がることもありうる。そのため、たとえば、私の一挙手一投足が監視されていた。ベルナール・アルノーは私のツイッターへのある投稿を削除しようとしたし、グザヴィエ・ニールは、インターネットのサイト上の三〇〇〇クリックにも満たない番組で、私が彼について言及するのを見たと通告してきた。どんな些細なことでも、それがトロイの木馬となって津波を引き起こさないように追跡されていたのだ。

些細なことと言えば、『ミミ』もひとつ暴露している[次章参照]。そのたったひとつ、されどひとつの些細なことは、パリの権力中枢部がこれまで自分たち以外のフランス国民には知らせるのを控えてきたことで、その中枢にはフランスの大新聞『ル・モンド』も含まれる。この日刊紙は、何事にも動じない独立性を自負しているが、フランス軍の二倍の予算に相当する資産を所有している者たちに配慮して、これまで奇妙にも口を閉ざしてきた。

17

グザヴィエ・ニールとエマニュエル・マクロンは長年の友人である。マクロンがまだ無名で、自分を純真無垢の子どもと思わせていた頃から、ニールはマクロンを大統領選で勝たせるために自分の資産とネットワークをつぎ込んだ。

グザヴィエ・ニールが『ル・モンド』グループの所有者であるばかりか、『オプス』の所有者でもあり、『メディアパール』『ル・モンド』の元編集長エドウィ・プレネルが創設したオンライン調査ジャーナル」を含むほとんどすべてのフランスのメディアに少数株主として出資していることは、フランスのジャーナリストがこの二人の友人関係を暴露してこなかったという事実と、おそらく無関係ではないだろう。ましてや、この二人の関係がマクロンのために億万長者の資産を用立てるのに一役買ったという事実はなおのことである。

　これは見過ごせないことである。億万長者が一候補者に何らの申告もせずに資産を用立てたことが、選挙法と選挙運動費用に関する規則に基本的に違反しているのは当然である。『ミミ』の著者らはこの件において「いかなる契約」も見つかっていないことを並々ならぬ関心をもって喚起している。さらに、グザヴィエ・ニールの資産がフランス政府の決定に直接依存していることも思い出そう。ニールが築いた資産をただちに崩そうと思うなら、国家は、フランソワ・フィヨン［二〇〇九年当時の首相］とニコラ・サルコジ［当時の大統領］を巻き込んだ政治のごたごたの中でフリー［ニールが経営する携帯通信会社］に与えられた携帯電話事業者ライセンスを取り上げればよい。このようにニールは政治権力に依存していたので、その頃、ARCEP［フランス電子通信郵便規制庁］が最初に出した認可を認めないとの決定を覆して、一般の利益を犠牲にしてでも、また当時の大統領の反対意見を押し切ってでも携帯事業者ライセンスを取得するために、当時の首相と大統領府副官房長官フランソワ・ペロルの力を必要とした[45]。認可が下りたことにより、ニールがまだ五〇パーセント以上を保有していたフリーの株式時価総額は急騰した。

　ついには大統領の公式移動に同行することが多くなったニールは、この頃になると、ニコラ・サルコジに「嫌われ」続けていることを楽しそうに語っていた。これはニールにとっては都合の良い立場で、ニコラ・サルコジの求めに応じてベルナール・アルノー、ヴァンサン・ボロレ、アルノー・ラガルデールが揺さぶりをかけた結果、破産状態に追いやられていたル・モンド社の買収において、自分を編集部の独立を保障する人であるかのように見せかけることができた。ニールの出現によって自分の帝国がぐらついていたマルタン・ブイグにサルコジが抱き続けているとされた「友情」が、破格の価格での携帯電話事業者ライセンスの認可と引き換えに、フランスで最も影響力のあるメディアの再建がニールに委ねられることとの隠れ蓑となった。一〇年前には軽犯罪で有罪となり、ジャーナリストに対する脅しと訴訟を重要な活動のひとつとしていた人物の手に委ねられたのである。

政治家とは無関係だと主張しながらも、政治家に便宜を計ってもらうことをあてにして、その保障としてマスコミに投資することは、民法テレビ局が出現し、たちまちのうちに莫大な資本を集めたのにともなって、フランスでは四〇年近く前に広がった手口である。ブイグ親子はそれを最大限に活用し、TF1の『二〇時』〔ニュース番組〕を舞台にしてフランスのリーダーたちを持ち上げたりこき下ろしたりした。自分たちの利益にどれほど貢献できるかに応じて、この大式典のようなテレビ番組にゲストとして呼んだり、あるいは締め出したりしたのである。(46) この新時代の幕開けは、メディア業界全体を見る見るうちに汚染して、仲介者たちが出現することになった。上級公務員出身で、わずかな金で買収される仲介者たちは、フランスの世論を作り出す影響力を持った仕掛けをものの見事にしつらえる。たとえば、アラン・マンク〔財務監督局に四年間務めた後、建材メーカーのサンゴバンなどを経て、現在は北フランス・東フランス高速道路会社社長〕、ドゥニ・オリヴェンヌ〔会計検査院傍聴官、経済・財務大臣顧問、首相顧問を務めた後、エールフランス副社長、カナル・プリュス社長、総合小売りチェーンのフナック社長、ヌーヴェル・オプセルヴァトゥール社長などを歴任〕、さらに胡散臭いニコラ・バジール〔会計検査院主任検査官、バラデュール内閣の官房長官を務めた後、ロスチャイルド銀行、LVMHグループの経営にあたる。パキスタンとサウジアラビアへの武器売却でリベートを受け取った容疑で、二〇一一年、取り調べを受けた〕、ジャン＝マリー・メシエ〔会計検査院検査官、バラデュール内閣で民営化担当顧問を務めた後、投資銀行ラザードに入り、水道会社のジェネラル・デ・ゾーに引き抜かれ会長に就任。社名をヴィヴェンディに変更してメディア・通信事業に進出し、カナル・プリュス、飲料メーカーのシーグラムなどを買収したが、二〇〇二年業績不振により辞任。放漫経営により訴えられ、二〇一一年禁錮三年の執行猶予付き判決を受けた〕などが挙げられる。彼らのように野に下り、われわれ国民が与えていた資産や、政治機構と財界とのあいだを取り持つ能力を利用して、城館を買い取ったり、モデルの妻と高等師範学校へ通う子どもを従えて贅沢な暮らしを送ったりすることができる儲けを得た公僕は数えきれない。

グザヴィエ・ニールは、この仕組みの中に極めて的確に滑り込むことができた。情報の拡散役と影響力の中継役を自任して、メディア界のリーダーたちを引きつける目的で少数株主としての投資を多数行ない、同時に国内の経済界への投資を広げた。前世代の寡頭制の支配者たちは影響力のある業界に戦略的に資本参加し、幾人かの上級公務員と入念に選んだ元政治家の厚意を買収するにとどまっていた。それに対してニールは、二〇年足らずのあいだに何千もの事業体に投資し、『Bakchich』〔二〇〇六―一六年に主にウェブ上で展開された風刺的情報サイト〕、『Atlantico』〔二〇一一年から続くネット限定の情報サイト〕、『Causeur』〔二〇〇七年設立のネット情報サイト。二〇〇八年から月刊誌も販売〕、『Next INpact』〔二〇〇三年に開設されたウェブサイトで、IT分野、新技術を主に扱う〕、『Terraéco』〔二〇〇四年設立のメディアで、月刊誌とウェブサイトがある。経済的、社会的、環境的に持続可能な発展を目指す」といった国内の新規メディア企業全体に資本参加した。ニールはさらにこの体制を強固なものにするため、ポリテクニーク、高等師範学校、フランス国立行政学院［ＥＮＡ］といった輝く将来を保障するエリート製造工場のどれかひとつにでも通ったことがあり、彼に関心を示す目先の利く若者を次々とランチに呼んだ。(47)こうして彼は強力なネットワークの全体をまとめることができるようになり、誰かを後押しするために誰かを紹介したり、自分に近づいてきた者に対して数十万ユーロを投資する形で共感を手に入れたりした。現時点でニールは、すでに数百人の上級公務員に異様な「影響」を与えているし、数千人にのぼるパリの権力中枢の有力者たちから共感を勝ち取っている。

家族、経歴、現在の地位による人間関係のため、ニールはフランスの諜報機関からずっと目をつけられているが、そこに加えられた彼の友好的なつながりは目の詰まった網のようになり、政治的立場を変えることも支障なくできるようになった。

こうして何でも知り得るようになったことで、ニールはマクロンをごく早い段階で見出すことができた。まだマクロンの首も座らず、考えもまとまっていない頃である。二人の関係は、パリの権力中枢が政治とメディア関係者のあいだで作る閉ざされた社会に身を置く者なら誰でも知っていた。フランスを支配する寡頭制の重要人物のひとりと、その人物が支援した大統領のあいだの関係が、二〇一八年九月になってようやく暴かれたことに驚くのは当然である。(48)このことは、見かけほどどうでもよいことではない。というのも、ニールが犯す可能性のあった利益相反と民主主義の領域への介入を監視するにはこの関係を知っている必要があっただけではなく、それを知っていたら、奇跡と称されるマクロンの選挙での勝利もよりよく理解できたはずだからだ。マクロンは選挙戦で、自分は自力でここまで来た、誰の助けも借りずに、体制の外で選ばれたと断じているし、二〇一八年一月の大討論会のときも明白な反証があるにもかかわらず、再びそう断言している。

神懸かり的なところがあり、自らの才能の力だけでどこからともなく出てきたとされる若い候補のことを、生粋のまばゆい新芽としてメディアは次々と紹介し、われわれは彼についてよく知るひまを与えられなかったが、この素晴らしい人物が実際には政治家としての経歴の最初から、パリの権力中枢をしっかり掌握しているフランス有数の金持ちであり有力者である人物によって支援され援助されているとわかっていたら、われわれは同じ人に投票しただろうか？

マクロンが自分は純粋無垢であると豪語するのを聞いたジャーナリストたちは、この大統領の言うことの事実関係を調べ上げて、それがばかげているということを暴くべきであった。それなのに、みんな黙ってしまった。誰も異議を唱えなかった。何年ものあいだ、目を見張る速さで経歴を積み上げていたのに、誰も調べようとしなかった。大統領選の一年半後、ニールとマクロンが最初に出会って四年後になって、ようやく一冊の本が二人のことをわずか二つの短い章ではあるが、たまたま扱った(49)。そして、『ル・モンド』のジャーナリストで、この件について詳しい女性ラファエル・バケが事実情報を控え目に、かつコメントなしで取り上げて明らかにした。

エマニュエル・マクロンが何度も繰り返し招かれた場所、そして駅で見かける「何の価値もない人たち」のことや、マクロンや彼の仲間たちとは違ってＲＥＲ［首都圏高速交通網。パリと近郊を結ぶ鉄道］や地下鉄に乗るしかない市民のことについてまで、彼らが話した場所が、スタシオンＦ――グザヴィエ・ニールがパリ市長アンヌ・イダルゴの支持を受けてパリに建設したスタート・アップ企業のキャンパス(50)——の中にあるグザヴィエ・ニール邸だったというのは、なおのこと驚きだろう。

さらに驚いたことには、二人が会うときには決まって偽装ミーティングが開かれたが、その目的は参加した有権者を感化することと、使う言葉が古臭く、リーヌ・ルノー［一九二八年生まれのフランス人女性歌手］のファンであることを認めているがために年寄り臭いと言われるのを懸念するこの青年のイメージに、今の時代のオーラを吹き込むことだったのである。

18

事情を十分に知らされていない市民は、どちらもグザヴィエ・ニールが設立した機関であるエコール42［二〇一三年にパリで開校したコンピュータプログラミング学校。学費は無料］とスタシオンFをマクロンが訪れていたのは、自分たちの勢力を拡大し評判を取るのが目的ではなく、ただ公共の利益のためであると考えただろう。実際はその逆で、顧問のミミ・マルシャンの援助により実行に移された大々的な勢力拡大キャンペーンの流れに乗って得られた、寡頭制の支配者が持つ象徴的資本と、マクロン候補の若さとの組み合わせは完璧に計算されていたことだったのだ。自身が関与した事件のために、その頃もパリの内輪社会から白い目で見られ続けていたニールにとっては、その社会空間への復帰を認められるための最後の一石がマクロンだった。ニールにとってマクロンは必須だった。そしてマクロンも上を目指すにはニールを必要としていた。出所不明な経費を使ったマクロン候補のラスベガス旅行［二〇一六年、当時経済相のマクロンがコンシューマー・エレクトロニクス・ショー（CES）に参加するためラスベガスへ行ったときの費用三〇万ユーロを広告会社ハヴァスが負担したとされている」のように、あちこちを訪問することは世論に極めて大きな効果をもたらすし、パリにおけるお互いの立場をより強固にした。

この持ちつ持たれつの関係は、ジャーナリストの誰ひとりとして告発するどころか、その意味を読み解こうとさえしないうちに進められていた。しかしながら、われわれにとって重要な選挙戦という枠組みにおいて、この二人がすでに不均衡を作り出していることがはっきりとわかる。ニールが「友人」を可愛がり、支え、大統領選で勝たせようとしていることをパリの名士たちに吹聴していた一方で、公権力の多大な支援を利用して諸々の基盤を築いてきたニールの寡頭制をマクロン支援のためのものにするべく敷かれたシステムが、ジャーナリストたちを呆然とさせ、市民の目をくらませた。実体を隠した擬似ミーティングは、マクロンがフランス再生の権化であるという印象を与えるために、また、新技術《テクノロジー》が絶えずわれわれに押し付ける動揺に最も不安になっている国民から信頼を取り付けるために、のんきなふりをしながらも極度にコントロールされた示威行動であり、それが、政治的な公約も、選挙基盤も、組織の重みもないために普通ならばそっぽを向かれるはずのこの候補に聴衆の耳を傾けさせた。「なぜマクロンが、彼だけが、あのニールという人物の支持を受けられるのだろう?」という素朴な疑問は決して起きなかった。

ここで読者は冷静に考え、それは些細なことで、つまるところ、あまり意味はないと言うかもしれない。しかし、遅きに失するが、二〇一八年九月になってわれわれはさらに多くのことを知ることになる。

というのも、われわれの同志がさらに少し奥へと踏み込んでいたからである。『ミミ』の著者らは何気ないことのようにわれわれに教えてくれているが、これらの出来事は、礼儀に則した普通の紹介によってではなく、裁判沙汰によって、共通の弁護士を介して知り合ったグザヴィエ・ニールとミミ・マルシャンという二人の関係の賜物だったのである。この二人は無名の人物を共和国大統領選に勝たせるために意気投合し、この人物が自分たちの利益に貢献してくれるという思惑で、この人物をフランス国民に知らしめ押しつけるために、財産とネットワークを総動員した。

著者らはさらに、そのための活動がミーティングのほかにも多数あったことも教えてくれている。それによって、グザヴィエ・ニールがどのようにしてわれわれの民主主義空間の中心に割って入り、自分が可愛がる候補の知名度を上げ、選挙戦を有利に運んだか、その足跡をたどることができる。その情報源となる出来事は非常に詳細に書かれている。それは、グザヴィエ・ニールが選挙戦に先立ってエマニュエル・マクロンとその妻のイメージ作りを前述のミミ・マルシャンに依頼したときのことで、(51) その打ち合わせは、ピンクの大理石でできたグラン・トリアノン〔ヴェルサイユ宮殿の北西部に位置するシャトー〕をそっくり真似たニールの城館で行なわれた。

「大衆娯楽」雑誌の女王ミミ・マルシャンは、あるニュースによると「刑務所に服役した元麻薬密売人」(52) であり、『ミミ』の著者によれば、五〇〇キログラムの大麻を載せたトラックを運転していたところを不審尋問された。金さえもらえば他人の私生活を暴露したり人の顔に泥を塗ったりする彼女は、フランス国民を前にマクロンを大統領に祭り上げる役を担っていたと『ミミ』の著者らは書いている。才能のある秘密の売人ミミ・マルシャンは、私もその多くの編集長からちやほやされたことのある

「大衆娯楽」雑誌を二〇年来好調に保ってきた。彼女は、わずかな時間で情報を封じたり、自分の匙加減ひとつで人をこき下ろしたり持ち上げたりして、その赤裸々な姿を並べて見せることができる。

ミミ・マルシャンは、マクロンが大統領に選出された翌日、大統領執務室で勝利のVサインをしているところを写真に撮られている。

繰り返そう。服役したことがあり、姿の見えないつながりを持ち、手下とタレコミ屋がいて、圧力をかけたり便宜を計ったりすることができるミミ・マルシャンが、億万長者になったペテン師ニールによってブリジットとエマニュエルのマクロン夫妻に紹介され、エマニュエル・マクロンを世の中に知らしめるために手を貸したのである。そして、ミミ・マルシャンの仕事ぶりが見事だったので、『ミミ』の出版の噂が広がり始めていたときに大統領夫妻は彼女に大統領府で職を与えようとしていたのである。

そしてこのミシェル・マルシャンは「友人」グザヴィエ・ニールによってブリジット・マクロン＝トロニュー[トロニューはブリジットの旧姓]に紹介されたが、それはその情報が広がらないようにニールの城館で行なわれたのである。

これらすべてのことをわれわれが知ったのは、その頃に知っていたらまだ結果は違っていたかもしれない二〇一四年、一五年、一六年、一七年のことではなく、すべてに決着がついていた二〇一八年九月のことだった。

のちにこれらすべてのことをわれわれは知ることになるのだが、パリの新聞雑誌の編集部内でミミ・マルシャンの話し相手だった者を含む数十名のジャーナリストたちはすでに知っていたのだった。

知っていても黙っていたのだ。

『ミミ』の著者らを信じれば、この作戦は成功だった。なぜなら、記録的な短期間で、エマニュエル・マクロンとその妻を諸手を挙げて絶賛するトップ記事が、『パリ・マッチ』やその他の大衆誌から四〇回近く発行されることに直接つながったからである。しかし、それは簡単なことではなかった。というのも、滅多にいないが、利害関係なく付き合ったことがある人なら知っている傲慢さと虚栄心を兼ね備え、自分の財産を築くために国家の組織を利用し、他人には無関心で自分だけに執着している金持ちの銀行家を数カ月で理想の人物に仕立て上げ、彼の経歴からも人格からも決して生じることのない共感を呼び起こさねばならなかったからである。

しかし成功は圧倒的なものだった。なぜなら、マクロン候補のメディア登場回数は、他の候補全員の合計を超えていたからである。やらせのパパラッチ写真を使ったミミ・マルシャン傘下の出版物が引き金となり、ほかのメディアも貪欲に食らいついた。『ジュルナル・デュ・ディマンシュ』『JDD』：毎週日曜日に発行される全国紙。ラガルデール・グループ傘下」は、《前進》の設立に関して八週間のうちに四回もマクロン候補をトップ記事で扱ったし、グザヴィエ・ニールが所有する『オプス』誌、当時マクロンの友人が経営していた『レクスプレス』誌、その他「主流」の各誌も続いた。この流れは、マクロンが当初集めていた世間の関心とは比較にならないくらい大きなものになっていった。[53]

19

それにしても、ミミ・マルシャンのような女性が、全能の億万長者からの援助があったとはいえ、たったひとりでどうやって世間の目をこのように切り換えることができたのだろう。ここで、疑い深い読者が注目するのは当然である。なぜなら、今あなたが読んでいるこの本が生まれるきっかけとなる突破口を開いた『ミミ』に書いてあることは、全部正しいわけではないし、抜けがないわけでもないからである。そして、人が操作されてしまうのは、たいていの場合は嘘によってではなく、話の欠落によってである。したがって、情報を突き合わせ、われわれの社会が寡頭制に支配されているために、これらの件に関して現在行なわれているあらゆる調査のなかに常習的に存在する、語られていない部分を再構成することから始めよう。

はっきり言おう。『ミミ』の著者らがわれわれに明確にするのを忘れていることがある。それは、『パリ・マッチ』の所有者で、エマニュエル・マクロンをメディア界の前面に押し出したアルノー・ラガルデールは、マクロンがロスチャイルド銀行にいた当時の顧客であり、マクロンはラガルデールが所有するメディアの買い手を探していたが見つからなかったということである。さらに重要なことは、マクロンが大統領府副事務総長だった当時、彼はエアバス・グループ［EADS：ヨーロッパの大手航空・宇宙企業。メインオフィスはフランスにある］への資本参加から手を引こうとしていたラガルデールにとって有利な条件で国との契約に調印させ、ラガルデールは個人株主としての配当金およそ一億ユーロを手に入れたということである。そして『ヴァニティ・フェア』誌［アメリカの雑誌］が書いているように、ラガルデールの手下でメディア界にいたラムジー・キルーンという人物が、マクロンの経済相任命直後に配下として送られ、イスマエル・エムリアンという人物の厚意と仲介によってマクロンの人脈作りを手助けした。

結局のところ、『ミミ』に書かれていることとは異なり、ミミ・マルシャンは戦略を実行したに過ぎず、その資金を出したのは確かにグザヴィエ・ニールであるが、ラムジー・キルーンやその執事ドゥニ・オリヴェンヌ、またあとで出てくるパトリック・ドライの執事といった、アルノー・ラガルデールの手下たちが、物わかりのよい無名の人物を急遽出馬させるために戦略を練ったのだった。

ラガルデールはメディア・出版業界の巨大帝国の跡継ぎであるが、ビジョンも、才能も、書物への関心もないため、帝国を解体しつつあった。国家の支援によって築かれたラガルデール一家の財産と父ジャン=リュックの財産は、一家の跡取りたちが浪費してしまった。国の戦略的資産を個人に委託して有効な運用を課すという統治形態は、フランスにおける汚職の最も重要な原因のひとつになっている。この統治形態においては、国家の役割が重過ぎると公に憚ることなく批判しておき、自らがそれを軽くする役を買って出ることにより、まったく合法的に、そしていとも簡単に、国家の略奪が可能になる。まったく合法的に、というのは、このような行動にまず関係するのが、法律を作り例外的操作を許可する者たちだからである。彼らは自分たちの新たな寡頭制支配者を自らが育む政治的野心の忠実な支えにする。マクロンは、選抜試験を通して共同社会から与えられた終身雇用、強大な権限、直接指揮できる人的組織といった特権を利用することに骨を折った連中のひとりである。彼はフランスの統治形態が可能にする汚職に関与するためあえて野に下り、財務監督官として管理していた国家の財産を食い物にした。それと同時に、出世の道中に現れる有力者に対して自分の価値を高めた。

不可侵性が君臨するところでは、手に負えない川の周りに堤防が築かれるように、メディアが多くの神話を作り出すことを思い起こす必要がある。上級公務員の選抜試験はなによりも適合性をチェックするものであり、マクロンが苦労の末にやっとそれを勝ち取ったことからわかるように、これらの人たちはほんの少しの資産に見合うだけの才能も持ち合わせていないのに、毎年フランス国民から集められる資産の果実を手にしているということを思い起こす必要がある。そのなかに、三〇年ほど前から、集められた資産をその主要目的から引き離すことを決めた輩《やから》がいた。彼らはそのために無意味で奇天烈な経済的理論武装をしたが、それは彼らを支えていた同じ権力グループから生み出されたものであり、彼らを守ってくれる者たちへわれわれの共有財産のかなりの部分を送り届けるためであった。彼らがはじめて権力を手にしたときの正当性が強ければ強いほど、自分のものでもない公共財産を他者へ差し出す必要はない。その点でド・ゴール［一九四〇年フランスの対ドイツ降伏後、ロンドンに自由フランス政府を樹立してレジスタンスを指揮。戦後、一時引退したが、一九五八年アルジェリア問題で復帰、一九五九―六九年に第五共和政の初代大統領を務めた］の正当性の強さは模範的なものだった。その逆であればあるほど、彼らは社会にとって危険になる。なぜなら、自らの価値をより高く見せる必要があるからで、ほかの言い方をすれば、尊厳を得るために自らを売らなくてはならないからである。このようなわけで、マクロンが当時の状況下で大統領の座に就くには、国家内での地位を利用して闇雲に民営化を推し進め、民間企業の経営者たちと「取引」を繰り返すしかなかった。これを見ていた部下のひとりで、少なくとも節度を持っていたクリスチャン・エケール［二〇一四年四月―一七年五月の予算担当閣外大臣］は、自分の首をかけて、ドゥニ・ロベールが「捕食」と呼んで憚らない略奪を阻止しようとした。

誰もがマクロンの才能を持ち上げたが、人生の五年を費やしてたったひとつの選抜試験に合格するのがやっとだった人物の才能であることを思い起こすべきである。そして、大臣に任命されるまではただ一度しか世間で注目されたことはなかったことも。それは、アタリ委員会［ジャック・アタリはフランスの経済学者、思想家、政治顧問で、ミッテラン以降の政権の中枢で重要な役割を担ってきた。アタリ委員会はアタリの提案で行なわれたフランス経済再建のための超党派会議］のレポートの導入部を執筆したときで、経済成長のサイクルは途絶えることなく続いていくとし、当時の政策をより一層進める必要性を説いた。しかし、その数週間後にその政策は二〇〇八年の経済危機を引き起こし、システム全体が崩壊した。

さらに、この人物の経済相時代の実績と言えば、アルストム［フランスの重電メーカー。二〇一五年に電力事業をゼネラル・エレクトリックに売却し、現在は鉄道関連事業に特化している］をぶち壊し、SFR［フランスの携帯電話会社として長らくヴィヴェンディの傘下で成長してきたが、二〇一四年四月、アルティスによって買収された］を売却したほかには、バス路線を新設したことと、どうでもよい自由化政策がいくつかあるだけで、すぐに忘れられている。

この誰の目にも明らかな彼の無意味さと、その当時ずっと彼に向けられていた虚栄心をくすぐるたくさんの賛辞を見比べるときには、このことを覚えておくべきである。

内輪的な閉鎖社会に関わっている個々の人物の権力を推定するのは、時として微妙な問題だ。それでも、『パリ・マッチ』の編集長について伝え聞いた話を書いておこう。ニコラ・サルコジの要請で解任された前任者の後に指名された現編集長は、二〇一八年夏に辞職することになっていた。ブリジット・マクロンは、政治の仕事をしないことなど自慢するには当たらないのにそれを自負しているが、

『パリ・マッチ』とのつながりを失うことを恐れたミミ・マルシャンに頼まれて、ラムジー・キルーンに助けを求めずにはいられなかった。ミミ・マルシャンはがっくりして、もしその編集長が辞職したら、マクロンを扱う記事がそれだけ減るだろうと思っていた。共和国大統領となったマクロンとの息の合った関係は彼女にかなりの利益をもたらしていたし、ミミの事務所は大統領府が公然と認める数少ない事務所のひとつになっていたので、ミミの求めは当然関心を持って受け止められた。『パリ・マッチ』の編集長は続投となり、ミミはグラッセ社から本が出版されるまで立場を守ることができた。

名声は麻薬のようなものであり、実際にマクロン夫妻は選挙後、何らの批判精神もなく出版されて各種メディア全体に次々と広がっていくルポルタージュなるものを利用し続けた。一例をあげると、大失敗に終わった国賓としてのインド訪問の最中に、タージ・マハルの前でミミが送り込んだパパラッチができ過ぎたタイミングで撮った写真が、かの有名なマクロン夫妻の「プライベートな訪問」として知られている。この段階で読者はかなり驚いているかも知れない。こうしたやり方に憤慨したか、そこに加われなかったことに不満を抱いたメディア界の一部が起こす反抗だけが、メディア界では誰もが知るこの慣習を暴露することができた。しかし、無気力は際限なく広がり、多数の読者、視聴者に影響を与える民間メディアが単なるプロパガンダの道具として利用されていることに誰も抗議できなかった。一方で、ニュース専門チャンネルやニュース番組は大統領府が直々に制作した内容を放送し、これにはエマニュエル・マクロンと親密な関係にあり、おおいに尊敬すべき人物でもあるドミニク・ド・ヴィルパン［二〇〇五―〇七年、シラク大統領のもとで首相を務めた］(54)が業を煮やした。マクロンは息を飲むだろうが、これはまだ序の口だ。なぜなら、これらすべてのことから次のような疑問が生じ、その答えはぞっとするものだからだ。なぜ、『ミミ』という題名を付けられた勇気のある本に出てくる話は正確に語られなかったのか？　アルノー・ラガルデールはメディア部門売却のためにエマニュエル・マクロンの顧客となったものの、売却はうまくいかず、その後マクロンが大統領府で便宜を計ったこと、そしてベルルッティの靴を履いたキルーンはラガルデールの「遣いの者」であることが、なぜ本には書かれなかったのか？

ジャーナリストが単に忘れただけだと読者は思うかも知れない。そんな読者をびっくりさせよう。何もかもわかっていたのに、書かれなかったのである。その理由は、『ル・モンド』の記者であるラファエル・」バケとル・モンド社全体がやむをえずニールとマクロンの関係について黙っているしかなかったのと同じである。それは『ル・モンド』の所有者がグザヴィエ・ニールであるように、『ミミ』の出版社グラッセの所有者はアシェット［フランス最大の出版社］で、アシェット・グループはラガルデール・アクティブという名の持株会社に買収されていて、その持株会社の所有者はアルノー・ラガルデールであり、［アシェットの社長であるアルノー・］ヌーリには気の毒だが、実質的な経営者はラムジー・キルーンという人物だからである。そして、『ミミ』の著者らは自分たちの調査について真実をありのままにはもはや書けなくなり、それを読む一般読者が理解できるように書くことはできなくなったからである。

これで、フランスでは誰もがすべてを感じ取っているのに、誰も何も理解していない理由がわかり始める。これで、フランスの公共空間にどれほど服従の姿勢が浸透しているかわかり始める。その服従状態は個々に見ればたいした意味を持たないように思われるが――個々人の関係は競い合いによってカモフラージュされるから！――、利害関係が積み重なると、システムをそっくりそのまま記述しようとすることを妨げるものになる。自分は自由で独立していると信じている誰もが実際には部分的に服従していて、時として自分を支配している寡頭制グループを危険にさらすことのないように配慮する。こうして彼らは、われわれが現実を知るのをただひたすら妨げているのである。

フランスのメディア界全体は、わけあってこのシステムを批判する主役となった『ル・モンド・ディプロマティーク』のような稀な例外を除いて[55]、この不透明さに関わっているので、必然的に真実はその一部が欠落しているのである。

そして寡頭制の支配者とその服従者が幅を利かし続ける。

20

ここで比較のようなことをしてみよう。われわれが陥ってしまった体制の本質にまだ盲目でいる人だけが驚くだろう。ウラジーミル・プーチンの出世を思い出そう。システムの崩壊に際して、KGBの元下級職員は民主主義的な選挙を「通して」あっという間に大統領の地位に「就いた」が、それは自らの利益を守ろうとしてパニックになり、自分たちに忠誠を誓う官僚なら誰でもよいので国民に受け入れさせようとした寡頭制によるものだった。

彼は一般大衆には知られていなかったのに大統領に選ばれ、それを実現した人たちに速やかに分け前を配り、軍事パレード、さまざまな城を会場にした豪華レセプション、軍服姿での演出といった一連のプロパガンダ活動と偽装した情報操作により、自らの権力を強固なものにした。

何か思い当たることはないだろうか?

少なくとも三人の寡頭制の支配者、各機関の広報担当責任者、無数の受動的共犯者によって動かされているフランスのジャーナリストたちが、実際にどのようにして数カ月のうちに、「民主主義的に」選ばれてひとたび権力の座に就くと、自分を作り上げた人たちの利益に奉仕することに邁進するひとりの「国際的スケール」の政治家を作り上げたか、そのことをこれから示そう。

第四章　ジャーナリズムの死

21

　ここで指摘したいのは、マクロンは大統領に就任して以来、取り巻きとともに番組放送を依頼あるいは中止させるなど、国営メディアの運営方針に遠慮なく介入しているということである。そしてその取り巻きというのは、その後に現在のポストに抜擢されたり、それまでのポストに留め置かれることをマクロンによって保障された人々だ。

　たとえば、マクロン同様、アミアンで育った［ローラン・］ドゥラウースのことが思い浮かぶ。政府の任命でフランス・テレビジョン社長となったデルフィーヌ・エルノットは、二〇一七年一〇月、彼を公共放送部門から外したがったが、エリゼ宮の介入があり、ドゥラウースは現在のポストを維持した。この事態はさらなる玉突き連鎖を引き起こした。それは公共放送内の調査報道番組が打ち切りになりそうになったということであり、大統領との「クリスマス・インタヴュー」という、エリゼ宮内の各部屋を歩きながら長々と雑談するというばかげた番組を視聴者に届けたことだった。この番組はいかにも奴隷根性丸出しで、ソヴィエト時代のプロパガンダ作品と比較されさえした。ともかく、見ていただければわかる。

このインタヴューから遡ること数週間の二〇一七年一一月末。フランス・テレビジョンでは、二つの調査報道番組（『Envoyé spécial（特派員）』と『Complément d'enquête（調査補遺）』）の制作班の人員削減について論争が白熱していた。調査報道ジャーナリストのエリーズ・リュセがホスト役を務める『Envoyé spécial』の人員削減は、当初推測されていたのとは違いエリゼ宮からの要請ではなかった。そこにはもっと複雑な事態があり、いかにメディアと政治の力関係が報道現場を堕落させ、ジャーナリストを損得勘定の論理の虜にしているかということだ。ことの発端は、大統領府が五〇〇〇万ユーロの予算削減をデルフィーヌ・エルノットに押しつけようとしたことだった。ムードは穏やかではなかった。ニュース番組の責任者であるミシェル・フィールド［ラジオ・テレビ界に影響力を持つジャーナリスト］に抗議が集中し、ダヴィッド・プジャダスはマクロンの大統領就任の日以後、態度を変えた。二七億ユーロという予算全体からすれば、五〇〇〇万ユーロはたいした額でなく、まったくみみっちいものだ。監督権限者である政府の厳しい予算措置に直面したエルノット社長は、自分も楽しもうと決め、ドゥラウースの番組打切りを匂わせた。ドゥラウースはマクロンと同じ高校の出身で、のちにマクロンの側近のひとりとなったのだが、エルノットはそれを知っていた。経営陣の意向を確認させられたドゥラウースは、案の定エリゼ宮に言いつけ、エリゼ宮はドゥラウースの番組の存続と、他の方法での経費削減とをエルノットに求めた。そのときからさまざまに異なる解釈がひとり歩きし始め、フランスで最も愛されているジャーナリストたちが泥沼にはまっているというイメージができていく。

ニュース部門の指導部では、経験不足のエルノットのスタッフ（秘書長のステファン・シトボン・ゴメスも含まれる）が、人員削減がどのような影響を及ぼすのかを理解しないまま、性急にエリーズ・リュセの番組に携わる人員の削減を計画したのだという評判が立つ。そうした解釈には、それなりの信頼性が与えられることになる。だが、その一方で、他のより鋭い解釈のなかには、この人員削減は、フランス人に好まれるジャーナリストを検閲するという政治的意図の根源である大統領府を困らせるための、完全にエルノット側の意思であると断言する者もあった。だからニュース部門の幹部は調査報道番組の人員削減を通達したし、何をどう手玉に取られたのか理解できないドゥラウースは、ほっと胸をなでおろせるものと確信した。

続いて起きたことは、メディアに露出することで皆の知るところとなり、エリゼ宮にとってやっかいなスキャンダルになりそうになった。それは、フランス・テレビジョンの経営陣にとってはありがたいことに、出版系メディアの同業者たちが不安を感じながらも、燃え上がる憤怒を引き継ぐ立場を取っていた一方で、大統領府の内輪でしか通用しないわけのわからない公式発表が作られ始めたということだ。ダヴィッド・プジャダスは、マクロンの選挙キャンペーンをおべんちゃらで報道し、大統領就任後に番組から姿を消した。プジャダスを犠牲者にしたことで、ニュース主任のミシェル・フィールドは、常に邪魔な存在であり、政権から嫌われていたと言わねばなるまい。大統領官邸は、怒り心頭だったが、いくらこの件に無関係であると主張しても無駄だった。悪事は行なわれたのであり、勝負はついたのだ。エルノット社長に対する不信任案の提出の日が近づき、社長解任を求める動きのなかで、トップレベルの交渉が再開された。そして、『Envoyé spécial』と『Complément d'enquête』

は存続し、ドゥラウースは番組に残り、予算削減は一年後に見送られたと発表された。

この件は、これで終わった。だが、寛容さを持ち合わせず、絶大な権力をふるうためにはばかげたことに身をさらすことさえ厭わない共和国大統領は、ここでやめはしない。上記の紛争がかろうじて決着した一二月五日に、彼は「フランスの公共放送は恥さらしだ」と公言した。その後、フィールドとエルノットを愚弄する番組（それは正真正銘の挑発なのだが）を企画し、それによりフィールドは将来を閉ざされることとなる。

びっくり仰天するようなこの出来事は、この国の指導者たちの未熟さだけでなく、無責任さも露呈した。というのも絶対的権力者たる共和国大統領と、キャリアの絶頂にあるテレビ司会者、気分を害したこの二人が意趣返しに、フランス・テレビジョンの経営陣の知らないところでクリスマス・イヴの四五分の「大河インタヴュー」を企画したのだ。その番組でエマニュエル・マクロンはエリゼ宮でドゥラウースに褒めそやされ、ご満悦だった。エルノットは遠巻きに無言で立ち会わされ、番組の編成を強いられ、大恥をかかされた。政治情勢に一〇分間が割り当てられていたはずだったのに、エルノットが目にしたのは、凡庸なこの国の長を延々と賛美する礼賛の言葉が中継で放送される様子だった。そして、彼女は公共チャンネルに映る満足げな笑みを浮かべた二人を見て、このインタヴューがあちこちで槍玉に上がるのを覚悟した。絶対的権力者の感性が、この番組を制作した愚かさに体現されていた。その翌日、この番組はこれまでにないほどマスコミの激しい反応を引き起こしたが、視聴者の誰にも感銘を与えなかった。あたかも最も輝かしかった頃の絶対王政時代のように、王様はかしずかれ、臣下は然るべき位置に侍り、人民は誰もルールを説明してくれることのない宮廷ゲームをポカンと見物していた。

他にも、ミシェル・フィールドに関する事件や、フランス・アンテールに関する事件のようないくつかの出来事があった。LPC〔国民議会の生中継、政治ニュース、インタヴュー、国民議会のライブ中継などを放送する公共テレビチャンネル〕のディレクターのノミネートは、『JDD』の編集長を呆れさせた。それらは、民主的な領域に介入するという立派な伝統にならって送られたサインであり、もう少しで公表されるところだった。そして、『ヌーヴェル・オプセルヴァトゥール』誌の副編集長オード・ランスランが、グザヴィエ・ニールとその手先によって、思想的な社会活動に関わったとして解雇されるというショッキングな出来事も続いた。その後、彼女の後釜はマクロンの移民法を批判するトップニュースを流したことで解雇されている。『ル・モンド』紙における環境問題の御意見番だったエルヴェ・ケンプと、エマニュエル・マクロンの大統領選の前に同社の株主たちが仕掛けた罠にかかった彼の上司ナタリー・ヌゲレドは、むりやり辞任に追い込まれたが、すべては「人格」の問題として正当化された。より広く、この一〇年を視野に入れるならば、公共放送業界ではギヨンとメルメの事件があった。さらには〔テレビ局カナル・プリュスの社長に就任した〕ヴァンサン・ボロレによる、『Les Guignols』〔ギニョル(人形劇)による政治風刺番組〕の終了、フランス2で行なわれた明らかな検閲について話す勇気を持ったポール・アマルと他の数人による告白、モーリス・ザフランとフランツ＝オリヴィエ・ジスベールによる歴代政権への立て続けの妥協などもあった。彼らの望みは時の政権に身を捧げることだけで、それらすべては決して知られることはない。なぜなら、この業界で生き残っていかねばならず、そのためには、口外してはならないからだ。『ル・モンド』は、同紙のマガジン版の表紙が現政権の支持者たちの気分を害してしまったとき、すぐさま謝罪した。自主規制が常態化したいくつかの例がある。たとえばパトリック・ロジェ——彼はなにはともあれ数十年来『ル・モンド』紙の尊敬すべきジャーナリストなのだが——がすでに本書で触れたクリスチャン・エケール元予算担当大臣の本についてコラムを書くことを申し出たが、却下された。それは、マクロン体制を脱構築してみせたこの作品に対して「あまりにも肯定的」だからだった。このことは、マクロンがいかに財務省を利用しているかを証明している。ブリュノ・ロジェ＝プティが『オプス』誌編集部の将来の幹部を審査してもらうためマクロン大統領に進呈したと自慢しているジャーナリストのリストのこともある。大手メディア編集部の権力側への移行もあった。クロード・セリヨン、先のロジェ＝プティ、ローレンス・ハイム、ナタリー・イアネッタ、さらにはカトリーヌ・ペガールに至るまで、それは能力による場合もあったが、大概は論功行賞だった。フランス版『ロシア・トゥデイ』〔モスクワに拠点を置く国際ニュース専門局。フランスでの視聴率は高い〕とも言える『フランス24』については、外務大臣付きの女性が任命され、その後、彼女は公共ラジオ放送に再就職した。アンヌ・サンクレールについては、『ハフィントン・ポスト』の幹部であったにもかかわらず、アンリ・エルマンに、マクロンに奉仕したいと申し出た(56)。以前、彼女は元夫のドミニク・ストロス＝カーンが出世する際に重要な役割を果たしたひとりだったが、それを恥じることはいっさいない。身内びいきが行なわれていることに関する記事もある。われわれが詳細に暴露したものだ。それはガブリエル・アタルとステファン・セジュルネについての記事で、掲載から数時間後、大統領府の要請によって『Gala』『Voici』のサイトから削除されてしまった。そして、今でもその記事にはアクセスできないままだ。チェコの大富豪〔ダニエル・クレティンスキーを指している」による、『マリアンヌ』〔主に時事ニュースを扱うフランスの週刊誌〕やラガルデール・グループ傘下にある主要媒体の買収もあった。彼は、グザヴィエ・ニールや彼に先んじるすべての寡頭支配者同様、〔クレティンスキーの腹心で〕政商のエチエンヌ・ベルチエと結びつき、エネルギー分野への野望を露にしながら、「民主主義を守る」ための買収であると言い募っている。また、情報秘匿に対しファデット〔顧客の詳細な通話記録やGPSの記録〕を使って繰り返し介入したり、おのれの使命を果たそうとする従軍記者まがいの者を使って家宅捜索を行なおうとしたり、威嚇したりしている。友情の絆によるものもあった。たとえばそれは、ジャーナリストに対する批判的視点を持っていると見なされている唯一のメディア〔月刊紙『ル・モンド・ディプロマティーク』〕に載った私のアレヴァ社に関する調査記事を『ル・モンド』紙がいかにして検閲したかを暴露した記事について、ダニエル・シュネーデルマンが「すべていき過ぎている」として差し止めるという結果を招いた。それ以前には、わが国に二つしかない日刊経済紙、『レゼコー』と『トリビュヌ』はベルナール・アルノーによって潰されたが、さまざまな妥協の様子が数多くの著作によって語りつくされている。それらもまた忘れられ、雲散霧消してしまった。決して多くを語り過ぎてはいけなかったのだ。

結局は、次のような話に帰着する。すなわち、マクロンが貸し借りに依拠しながら、一部メディアを支配下に置くために行なっている公職と特権の分配の話である。それは公的政治を利用して彼を援助した者たちの功績に報いることであるが、不平等の拡大を助長するものであり、独裁主義や恣意的決定の増大を招き、汚職が増えて自由が切り縮められる結果をもたらすものである。(57) 要するに、この情報市場によって作り出された妥協が、日々多くのフランス人に重大な影響をもたらしているということである。

記事の自粛を強制された多くのケースについて言及することはできるが、すぐさま非難の的になるだろう。フランスでは、ジャーナリストは暗殺されて死ぬのではない。権力に立ち向かい屈服することを拒絶したため、記事をもみ消され、発言を封じ込められてしまい、絶望感や無力感で死にそうになっているのだ。同様に、妥協や不安定な状況によって死にかけている者もいる。というのも、勇気ある者たちを黙らせるメカニズムが、独裁国家よりも狡猾なものになっているからだ。そこでは、CSA（視聴覚高等評議会）のような機関の検閲を経なくてはならない。こうした権力に金で買われただけの機関は、誰もが奴隷のように服従する見返りに多額の報酬をもらっているメンバーで構成されている。彼らの仕事はやってもやってもゴミが増え続ける情報処理場を監視しているようなもので、ルールを守らせることはできない。ジャーナリストは、失業や圧力、屈辱、それにフラストレーションで死にかけている。わが国の現体制の政治的暴力は、これ見よがしに「現代性」を装う術を知っている。

寡頭制がもたらすこうしたすべての効果は、支配者それぞれがおのれの利益を守るために生じている。だがそのことは、もう一度言うと、幹部ではなく末端の兵隊「ジャーナリスト」にシステムの重圧をかけることだ。そのシステムは末端の兵隊を押しつぶすために作られている。

フランスでは、情報はばかばかしさと奴隷根性の効果で薄められ、息苦しくされている。こうしたばかばかしさと奴隷根性は作られ、求められているのだ。寡頭支配者たちは、巨費を投じてメディアを買収した後で、そのメディアのために金を使う気など毛頭なさそうだ。彼らは民主主義を守るためにメディアを所有していると口では言っているのに。ベルナール・アルノーだけは例外で、金をつぎ込むことで『パリジャン』紙の財政赤字はより一層増え続けている。それは、同紙の完全な独立性を保てなくするためだ。だが、それでもすべてのジャーナリストたちは、自分たちに独立性があると信じており、ボロレと違い愚かにも直接介入しようとするような経営者がいなければ、自分たちの独立性は担保されると考え続けている。ジャーナリストたちは、自らの独立性を声高に叫び、あらゆる監視とこれ見よがしの圧制のメカニズムを否定することで、自分たちの尊厳を守ることができると信じている。しかしそう信じることで、彼らは共犯者になり、自分たちを搾取し続けているシステムを引き継いでしまっている。そうなのだ。フランスでは、わざわざ殺すまでもない。金で買えば十分なのだ。

22

こうした関係が白日の下にさらされることが滅多にないのはなぜか？　糾弾されることもほとんどないのはなぜか？　それは、フランスのニュースの大部分が、「ル・プティ・パリ」〔パリの政権取り巻き社会〕を構成している陣営を裏切った者から〔内部リークによって〕情報を得ることで成り立っているからだ。この裏切者とはこうした〔リーク〕機能を体系化したことでたびたび槍玉に挙げられている『カナール・アンシェネ』〔有名な週刊風刺新聞〕と『メディアパール』のことだ。メディアを支配するこれらの関係を表に出すことは、情報源に頼ることをやめることであり、その場合すべてが崩壊しかねない塹壕戦の火蓋を切る危険性が生じるからである〔内部リークの情報源を秘匿するために、この二媒体であっても、すべては公表できないということ〕。

そうなると、組織から暴力的に締め出されたオード・ランスラン、あるいは、何がなんでもマクロンと寡頭支配者たちの怪しげな関係を報道する方法を粘り強く探すマルク・エンデヴェルドといった数少ないジャーナリストからの情報を調達しなければならない。こうして重要な情報が何カ月、何年も隠蔽されるであろうことに気がついたときでさえ、それが問いに付されることは決してない。大統領選挙が終わり、彼を支援した寡頭支配者たちとの関係が暴露された後も、『ル・モンド』紙やその他の媒体でエマニュエル・マクロンについての報道が再検証されることはまったくなかった。数カ月のあいだ、マクロンがあたかも神の子として生まれた人物のごとく紹介され、彼をヨイショするおめでたい新聞報道が長く続き、無自覚に政府の方針を繰り返すだけの論説が増え、時には政府の方針を悪化させてもいる。

この国の指導者たちの栄枯盛衰の仕組みを暴くのが政治ジャーナリストの役割だ。だから、どんな途方もない力を使っても、パリにいる何百人という政治ジャーナリストを組織立って検閲することができないことを彼らは理解したのだ。多分、そのことが恐ろしく思えたのだろう。だから検閲も広告スペースもまったく必要ないやり方をしなくてはならない。つまりジャーナリストがその代わりをしてくれるようにすることだ。『リベラシオン』『レクスプレス』『オプス』、そして『ル・モンド』、この四媒体だけで、マクロンについての記事が二〇一五年一月から一七年一月のあいだに八〇〇〇以上も掲載されている。これは左派の候補についての記事を全部寄せ集めた分量に匹敵する。ただしマクロンの政治活動について特筆すべき記事は存在しない。(58) 選りすぐりのジャーナリストたちは、フランスの最高学府で教育を受け、社会から資金援助を受けている。権力者に会うことができ、社会を代表して権力の座にある政治家をチェックする使命に燃える彼らは、全身全霊で仕事に当たるだけでなく、自ら進んで使命を果たしてきたかのように見える。しかしそれは見かけだけのことだ。この自発的隷属と、それを生じさせた汚職との関係を説明すること、それがわれわれの使命となった。われわれがいましがた明らかにした事実はたいしたものではない。ミミ・マルシャンに関する調査報告を書いた三人のジャーナリストたちは、「大統領選挙で」プロパガンダ戦略を実行したこの重要な媒介者の役割についての情報をわれわれに伝えることを怠っただけではなかった。このプロパガンダ戦略によって国民の熱狂的支持がないままマクロンは大統領の座に就任し、最後には「マクロンとの」妥協を楽しんでいる《国民連合》「旧名《国民戦線》」を強固なものにしたのだ。この三人のジャーナリストは、ニールとアルノー、アルノーとマクロンのつながりを掘り下げて調べようとしなかった。そのつながりを知っていた彼らは、投票行動を決める際の決定的な情報をフランス国民から奪ったのだ。われわれが不安を感じ始めたのは、それがきっかけである。

23

ラガルデールの行く末については決着済みだから、別の方法から続けよう。『ミミ』の執筆者のひとりによれば、ミシェル・マルシャンはもうひとりの寡頭支配者であるベルナール・アルノーの「イメージ・コントロール」の役割を担っていた。すなわちそれは都合の悪い情報を抹殺することだ。アルノーは、フランスの長者番付第一番で、世界でも四番目の富豪だ。七〇〇億ユーロの資産を持ち、ＬＶＭＨグループの持ち主だ。このことは、次の情報が明らかにされなかったとしたら、ニールとマクロンの「友情」と同じくらい取るに足らない情報に思えたことだろう。それはニールが、ベルナール・アルノーの娘で相続人であるデルフィーヌ・アルノーと一緒に暮らしているという情報だ。このことは幾度となく、ブルジョワ的礼儀と慣習によって隠されてきた。

ここで、無邪気な読者諸氏は自問するだろう。それの何が大ごとなのだろう？　と。考えてみれば、われわれは、それが弱者であろうと権力者であろうと、他人の私生活に口出ししないように教わらなかっただろうか。この話題について無遠慮に意見を述べたりすれば、すぐさま憤怒した様子でくどくどそのことを言われなかっただろうか。これは、有用であるかないかを問われている政治ジャーナリストたちの呪文ではないだろうか。彼らは、人前ではいやと言うほど羞恥心や沈黙、外連味のない姿をさらすが、編集局の仲間うちになると必ずと言っていいほど悪口や陰口を共有する。だが、それらについて書いたり出版したりすることは自粛している。そうして彼らは権力の予備軍から権力の専属記者になることで、情報源から押しつけられるあらゆる妥協を受け入れることになる。

いくつもの大手メディアを所有し、フランスの一番のスポンサーでもあるアルノーは、どの報道機関に対してであろうと、その生殺与奪の権利を握っている。そして、ジャーナリストたちはそのことを特に意識している。アルノー関係のどれだけの記事や調査が消されてしまったことか！　富の集中による悪影響のもう一方の側面が推し測られる。それは富の集中が、より力のある権力者に機械的に与えている影響力だ。そしてこの影響力こそが、出世を要求する必要さえないまま出世街道をひた走るためのあらゆる流儀を政治ジャーナリストたちに提供しているのだ。アルノーは、気に障った日刊紙から躊躇なく広告を引き上げた。日刊紙がアルノーに立ち向かった場合、その日刊紙を「倒産させる」と脅し、自前で経営しなければならないという現実を理解させることになる。アルノーは、経営陣を失脚させようと『ル・モンド』に謀略を企てた最初の人間だ。自分が所有する複数の新聞の印刷を『ル・モンド』の印刷所から引き上げることで、同社の財政を干上がらせたのだ。理由は、同紙が、ボロレとラガルデールの味方である当時の大統領［ニコラ・サルコジ］を批判したからだった。いくつかの国の生殺与奪の力を握っているほどの資産家であるアルノーは、子どもたちの遺産相続が有利に運ぶように租税回避のための国籍移転を望み、それを皮肉る記事を掲載した『リベラシオン』紙を訴えた。

ベルナール・アルノーは、有能な人物を育てたり潰したりするが、何十年も前から彼がほしいままにしてきた妥協や汚職というやり口、影響力を持つ者との関係や表に出ない仲介者、そして共犯者や裏仕事の実行者については不思議なことにいっさい語られたことがない。

ベルナール・アルノーもまた、かのミミ・マルシャンとかいう女性を使っている。トロカデロ宮殿での大統領への有名なインタヴューで、エドウィ・プレネルとともに進行役を務めていたジャン＝ジャック・ブルダンは、国じゅうの注目が集まるなかで、無礼な行為に出た。マクロン新政権の税政策で、フランスで一番の恩恵を受けるのは、まさしくベルナール・アルノーであり、当のベルナール・アルノーはマクロン夫妻と親密な関係にある友人なのだと暴露したのだ。

われわれが知ることのできない内幕が露になった。大富豪と大統領との親密な関係はこうして暴露され、激しい怒りをかきたてた。

どのような経緯でこうした事実は白日の下にさらされたのか？　自分には友人がいない、と大統領は言っていた。メディアの馬鹿騒ぎにスイッチが入り、それまでアルノーとの関係をまったく知らなかった人々を笑わせた。そのうえ、おかしな発言をしたのは大統領自身だった。ひとりのジャーナリストの果敢な質問に不意を突かれ、こう答えることしかできなかったのだ。「私には友人はおりません」。

「どの金持ちもそうだが、私には友達がいない」と数年来言い続けてきたグザヴィエ・ニールにいたっては驚くしかない。ニールの言葉がどうやってマクロンに乗り移ったのかはわからない。要するに、彼らが友達なのかどうか知ることができなかったので、それを確認しようがなかった。とはいえ、大統領候補時代に「金持ちになる夢を見なければいけない」と言い続けてきたその同じ大統領の言葉を、われわれはニールの口から間違いなく聞いたのだから、両者の関係はおそらく理解されたことになるだろう。こうした彼らの発言は、くだらないエピソードかもしれないが、それでも言っておくしかない。

グザヴィエ・ニールのこの言葉がどうやってマクロンに乗り移ったのかはわからなかった。ニールとアルノーが友達であることがそれまで知られていなかったのだから。

24

かつてニールがマクロンのもとで手に入れる前に、［現パリ市長の］アンヌ・イダルゴから得ていた利権については、ここでの主題ではないので言及しない。マクロンは、自分の庇護者であるニールに

代わり、アルジェでのエコール42の開設を発表するほどの感謝ぶりだ。(59)

だが、ブルダンから得た情報で、独立ネット新聞『メディアパール』の編集長が、アルノーとマクロンが友人関係にあることを知っていた。ところが、この編集長は、『メディアパール』でも他のメディアでもそれを公表しなかった。私は精力的なメディア機関である『メディアパール』を非常に評価しているが、『メディアパール』は妥協でいっぱいの市場、すなわちパリの情報市場に参入することで生き残るしかなかった。そして、他の権力者の告発をするため自分たちの情報源である権力者を守り、一方の汚職が他方の汚職を包み隠すといった情報システムを巧みに利用した。サルコジ時代には、国家の中枢で得られた新事実をサルコジの主要なライバルのひとりから入手した。だが決してサルコジ自身が起こした問題を告発することはなかった。読者が『メディアパール』の勇気に賛辞を送れば送るほど、事態は包み隠された。すなわち、ここで重要なことは、読者が攻撃を望んでいる権力機構が結果的により強力になったということだ。

ジャン＝ジャック・ブルダンが秘密を暴露したことで、マクロンは窮地に追い込まれ、怒りを爆発させた。(60) そのことが大量の調査報道を生み出すことになった。だがどうやって？ マクロンがアルノーに影響を受けたということはありうるのか？ 彼らはいつから知り合いなのか？ アルノーはどのような役割を果たしたのか？ 編集長のプレネルは、大統領キャンペーンの会見の際、マクロンが『メディアパール』に送った好意的な視線の返礼として黙っていることにしたのだ。それはまた、『メディアパール』で特権階級を調査報道していたロラン・モデュイの妻が二〇一七年までアルノーが最も多く出資している企業グループのひとつカルフールの広報部長のポストにあったが、それについては誰も何も言わなかったからなのだろうか？　あるいは、アルノーの娘婿であるグザヴィエ・ニールが『メディアパール』に出資しており、そのことをニールとファブリス・アルフィはれっきとした証拠があるのに、不器用に打ち消そうとしたからなのだろうか？(61)『メディアパール』の弁護士であるジャン＝ピエール・ミニャールがエマニュエル・マクロンの主要な支援者のひとりであり、彼が、法的に疑問の余地のある資金集めのひとつをアルジェリアで組織したからなのか？　あるいはまた、エドウィ・プレネルが『ル・モンド』にいた頃の強力な支援者だったアラン・マンクが、ジャン＝ピエール・ジュイエとともにマクロンの大統領就任の中心的な役割を果たしたからだろうか。そうではないことを願うばかりだ。モデュイに対する私の評価と称賛は言葉に尽くせない。というのもロラン・モデュイはおそらく権力世界の近くにいたからなのか、メディアのなかでただひとり、勇気ある批評家だったので、「今日、どのメディアがあえてベルナール・アルノーを攻撃するだろうか？」(62)と暴露記者として宣言するまでに至った。だが、それでも、である。エドウィ・プレネルはぶれまくりだった。彼は、早くも二〇一七年七月から現れたマクロンの独裁的な傾向に対し、遅ればせとはいえ警鐘を鳴らした。だが彼は、大統領選の二回の投票のあいだには素知らぬ顔でマクロンへの投票を呼びかけていた。プレネルは、生まれつつあるマクロン政権には無関心を装い、彼が以前には差し止めることがなかったテーマについて、まったく報道する気がないように見えた。だがしかし、である。これこそが疑うに足るものなのだ。このときわれわれは気づいた。マルティーヌ・オランジュや数々の調査報道ジャーナリストたちが、マクロンが連発する妥協を暴こうと、たいていは孤軍奮闘で、熾烈な現場で仕事をしている。だが、入念に取材されたにもかかわらず、どこのメディアでも調査は頓挫し、マクロン政権についての記事はいっさい掲載されなかった。今や、最も尊敬されそうなメディアであっても、すぐに記事になることがあまりない「ブラックボックス」を抱えている。『メディアパール』は利害関係の衝突に批判的な立場をとっているが、そのこと自体がわれわれに疑いの念を抱かせている。それを信じたくないとしても、われわれは公明正大であろうとしたら、そのような事態に立ち向かわざるをえないだろう。

というのも、推測より事実が重きをなすからだ。寡頭制の大統領候補に対し、『メディアパール』によって深く掘り下げられた多くの調査や華々しく暴露された事実と妥協の積み重ねにもかかわらず、このネット新聞はいかなる場合にも、他の政治家にしたように大統領を告発することはなかった。それが社会学的決定論であったとしても、プレネルが『メディアパール』が支持してもよさそうな他の候補者に対して抱く古くからの個人的嫌悪感によるものであったとしても、他の候補者はほとんど取り上げられず、とりわけやはり語られることのない嫌悪感によってであろうが、メランションはあまり取り上げられなかった。情報を取り扱ううえで機能不全が幅を利かせていたのだ。

この機能不全にもかかわらず、あらゆる編集方針が自由に受け入れられてさえいれば、報道はことの本質には達していなくても、権力の基盤には達していただろうが、寡頭制の網の目がそれを妨げたのである。

25

国庫から毎年数十億ユーロを横取りし、税制上一番恩恵を受けている者たちがマクロンのお友達だということの情報は、ジャーナリストたちに知れわたっているが、誰も報道しないということが明らかになった。情報の生産・発信を妨げないという「不文律」がある『ル・モンド・ディプロマティーク』は例外だが、情報発信に横槍は入らないものの、この新聞は序列制がないことで、かえって疲弊しているところもある。支配の戦争機械が配備されている場所で仕事を継続しているジャーナリストたちの勇敢な調査には大きな意義がある。だが、そこでは論説、報道、コラムなどで真実を明らかにしようとするジャーナリストたちの努力が弱められているのではないか。『メディアパール』も例外ではない。

ＩＳＦ［富裕税］を維持し退職年金を凍結するという特権をマクロンに与えるような、いかなる経済的理由によっても正当化できない税制・経済政策と、国民の大多数の資産を一パーセントというごく少数の者に譲渡し社会を破壊するその他の犯罪的政策が採択された。そのとき、「この国のメディアは何の役に立っているのか」という疑問が浮かんだ。あらゆるグローバルな議論や、実際に起きていることを把握し理解するうえで必要な政治性から自らを遠ざける偽りの客観性の名の下に、メディアは思考力を奪われ、出回っている以上の情報を扱えなくなっている。

妥協については言及するまでもないが、そこには力ずくの妨害もあった。ジャーナリストたちはいつから知っていたのか？　なぜ彼らは、ジャン＝ジャック・ブルダンがこのお友達関係についてはっきりと述べ、誰もがばかげていると太鼓判を押すこの税政策について大統領に質問するときまで待たねばならなかったのか？　そして、なぜわれわれが吐き気を催すまで、これが続いたのか？　なぜ記者たちは、厳格なはずのマクロンが、共有財のためと称して、特権階級以外のすべての人たちは増税されるにもかかわらず、特権階級の人々に有利な政策を推進したかについて、よく考えなかったのか？　もっと率直に言うなら、いつ、どのようにしてマクロンはベルナール・アルノーとグザヴィエ・ニールに会っていたのか？　そしてこの二人はいかなる役割を果たしたのか、ということだ。健全なメディアの生態系が機能していたら、こうした疑問から出発して、おそらくアルノーとニールがマクロンにひとつの支えを提供し、彼の政策決定に影響を及ぼしたことが明らかになっていただろう。

そして、その支えとは、ミミ・マルシャンという名前であった。

26

問題を粘り強く掘り下げてみよう。税金控除や法的優遇措置を受けているジャーナリストたちが、ここ数年、こうした事実に口を閉ざし、巧みに避けているのはどうしてなのか？　問題は否定することのできない因果関係を調べ上げることなのに、彼らは、『ル・メディア』〔フランスのインターネット・ニュースサイト〕のスタジオでファブリス・アルフィがオード・ランスランに言ったように、そこにはイデオロギー的な思惑があったのだと主張している。(63)　しかし、いったんこれらの事実が明るみに出たのに、なぜ、電話やパソコンに飛びついて調査すべき相手を追い回そうとしなかったのか。そして民主主義が歪められておらず、良心と廉潔が尊重され、われわれの最も基本的な価値観が守られているかどうか、ということを確かめようとしなかったのか。要するに、なぜ真実を明らかにしようとしなかったのか。

ベルナール・アルノーと彼の娘婿であるグザヴィエ・ニールの二人が、彼らが保持するネットワークに加え、広告力と所有メディアの内側で、取材への意識を減退させるような行動と形態によって、〝彼らの〟ジャーナリストたちを耐え忍ばせていると思われる。そしてジャーナリストたちは職業意識が希薄になり、常に体制順応主義を発揮してしまう。屈服した彼らは、それを指令として受け入れる必要さえない。ジャーナリストたちは、もはや社会への義務感を喪失し、読者よりも彼らを所有している者やスポンサーに恩義を感じているかのようだ。

こうした常軌を逸したことをジャーナリストたちが当たり前のこととして受け入れることによって、社会的諸価値が崩壊するほど軟弱化し、フランスのメディア産業がしだいに崩壊しはじめているということである。

われわれは集団的に腐りきった感情の泥沼にはまり込んでいるようだ。しかもそうした事態が一般的になり勢いを増しているのは、メディアが発揮する力強さによってではなく、反対に、至るところにはびこり続ける権力を告発し、権力との近親相姦関係を断ち切るうえでメディアが露呈している無力さによってなのだ。

こうした堕落と、たいてい不安定な立場のジャーナリストたちをゾンビに変えてしまうエネルギーと信念の完全な喪失の根底に、彼らを金持ちの手の内に隷属させてしまうからくりがあるのではないか？　金持ちたちがジャーナリストを利用するまでもないからくりが。

社会的に見て一部の者だけをあからさまに利する不公平な税制が今の今まで当たり前のものだと思

われていて、それを告発するためになぜ民衆蜂起［黄色いベスト運動のこと］が必要とされたのか？　それはジャーナリストたちのあいだに隷属が定着してしまっていたからだ。

ではなぜ、この蜂起に直面して、人々は、メディア報道のなかにこそ悪は遍在するのに、悪の根源をこの蜂起のなかに見出そうとしたのか？　人々はこの抵抗する民衆をファシズムへと矮小化してしまおうとしたが、他方でなぜ、この蜂起をもうひとつの政治勢力と見なしたジャーナリストたちが蜂起の代表者をテレビのスタジオに招き、称賛のそぶりを見せたのか？　そして他方で、なぜ人々は特権層の私的利益に対して反乱を起こそうとした人たちを中傷しようとしたのか？

こうした人々は真実の思想の擁護者ではなく、特権階級の擁護者になり果てたのだろうか？　そしてそれに反対しようとした者はあまりにも少数だったので、潰されてしまったのだろうか？

ニールやアルノーとの関係を問いに付しながら、マクロン夫妻のプライベートな生活をほめそやす数々のトップニュースを疑問視することは、『ミミ』の出版直後に繰り返し報道されるべきだったのだが、一体どこへ行ってしまったのだろうか？　メディアは十分承知していることだが、このニュースのテーマは売れ行きの点で、ばかばかしい経済的理由で正当化されたわざとらしいトップニュースと同じほど刺激的だったはずだ。このとき、数々のトップニュースで、富裕税を廃止した理由について疑う余地がないまでより厳しく追及するべきだった。同時に妥協を生みかねない権力を叩き潰し、机上の空論でしかないトリクルダウン理論の根拠を示すよう権力に迫るべきだった。あるいは、企業秘密に関する法律が公布されるにあたり、今までいっさい議論がなかったことを問題にするべきだったのだ。権力者が自分の意思で私生活を世間の話題にさせたり、都合が悪ければ黙らせたりするという節操のなさへの批判はどこへ消えたのか。大統領の青い瞳ではなく、利害関係をつぶさに分析するための写真や記事はどこにあるのだろうか。場当たり的な調査記事ではなく、徹底的に吟味され議論された内容のトップニュースやルポルタージュはどこにあるのだろうか。

「［わが国の］ファースト・レディがLVMHの洋服を身につけていることを誇りに思う」とベルナール・アルノーが発言しても、その発言から何も推測できず、心配無用とジャーナリストは言う。しかし、そんなことはすべて幻想に過ぎないことを証明するジャーナリストはいないのだろうか。いまやジャーナリストがやっているのは、「アルノーは間違いなく白鳩［清廉潔白］で、疑惑のかけらもない」と世間が信じているとおりに、われわれを丸め込むことなのだ。

ジャーナリストは、独立性を声高に叫ぶよりも自らの尊厳のために闘わねばならない。彼らは隷属状態からの自己解放を主張するのではなく、これまで自分たちが組み込まれていた金銭的統治から脱する権利を求めなくてはならない。『レクスプレス』にいながらドライにたてつこうとしたジャーナリストのひそみにならう者、ニールとピガスにランスランとケンプが追い落とされたときに『オプス』や『ル・モンド』(64)にいながらニールとピガスを叩いたジャーナリストのひそみにならう者は、どこにいるのだろうか？　自分たちの会社を守るのではなく、自由に振る舞う権利を守るために立ち上がる者はどこにいるのだろうか？

27

グザヴィエ・ニールとベルナール・アルノー、そしてアルノー・ラガルデールの関係は、寡頭支配者同士であるというだけではない。彼らの協力関係は、その時々の状況に応じて変わる。たとえば、ベルナール・アルノーは、［ジャン＝リュック・］ラガルデールの未亡人からバルベ・ド・ジュイ通りの豪邸を買い取った。その後、アルノーの息子は、グザヴィエ・ニールの住居に近いヴィラ・モンモランシーに居を移した。彼らは常に、お互いに常識では考えられないような反感を抱き合っているが、表面上は利害関係で和解し合っている。夕食から朝食まで政治家がやって来る。そしてその政治家を支持するかどうかはさまざまだ。それは自分たちの利害関係に応じてのことである。みないつとはなしに彼らの屋敷に招かれ、世に知られるベルナール・アルノーの冷淡さを目の当たりにしている。黄金の品々や課税を免れた芸術作品、制服姿の使用人に囲まれて、最上級のワインを薦めたり自分で注いだりして、用心深く社交的な付き合いをし、贈り物を交換し、差し障りのない話をする。こうした話はのちに「ル・プティ・パリ」の中でささやかれはするが、決して一般のフランス人の耳に届くことはない。どこにでもある情報の不正なやり取りは、そこではまだ最大値に達してはいない。というのも、私が一度ならず足を運んだことのあるこの場所では、みなが想像するのとは反対に、知性はいささかも女主人のように君臨してはいないからだ。あちこちで互いに侮辱しあったり、あれやこれやの件で仕返しをするために誰それの評判を落とすことを狙って子どもじみたライバル心を抱くとかいった、卑小な行為が見られる。そこでは唯一関心を引くと思われるもの、つまり商売の自由を保障するドクサ（臆見）にみなが従順なのだ。サンゴバン・グループ［パリ郊外に本社を置く建材や高機能材料を扱う多国籍企業］の最高責任者、［ジャン＝ルイ・］ベファは、寡頭支配者たちの恐るべき攻撃で会社が倒産しかけたのを二年かけて防いだ経緯について、私に話してくれた。ベティ・ラガルデールは、彼女の恥ずべきライバルであるベルナール・アルノーが彼女を屈服させて買い取った場所［バルベ・ド・ジュイ通りの豪邸］を取り戻したいがためにアルノーを懐柔しようとしたが、相手にされなかった。こうして、ル・ブリストルやジョルジュ・サンク［高級ホテル］での昼食会は、豪邸内で特権を持った重要人物たちが主《ホスト》となって行なわれるようになり、より細部にわたった話題が共有される。そこには政治家たちも招かれる。彼らは心を動かされ、少しずつこうした状況に慣れていく。彼らはまた後継者にも紹介され、そこでの社交によって利益を得ることを学ぶ。翌日には、予想もしなかった称賛記事が掲載されているのを目にすることもある。政治家たちはやがて社交界の催しやファッションショーの開会式に招かれるようになる。彼らは愚かにも、しだいに影響力を持った配下、手持ちの鉄砲玉へと変えられていく。彼らはこうした世界から締め出されかねない違反をすることに用心しなければならない。彼らの商品価値は、自分を従属させ、こうした場所に資金提供する能力にかかっている。ブリジット・マクロンはこうした場所にいたということだ。

ブリジットにおもねり安心させようと、ニールからラガルデールまでが動いた「マルシャン事件」［『ミミ』によって暴露された大統領夫妻をめぐるスキャンダル］は、ブリジットが身の丈に合わない世界に入り込むことを可能にした。ブリジットが自分を標的にした噂話に対し、名誉を挽回してくれる親しい友人たちに忠実でないはずがない。

もちろん、上で決められたことは下に影響する。そこで、われわれは影響力のある配下をあちこちで確保することが重要であることを再発見する。「ヴィトン事件」［二〇一七年の大統領選中、ブリジットがルイ・ヴィトンから無料で衣装提供を受けていると報じられた］は、共謀関係を示す些細な出来事の一例でしかない。「ブリジットと、アルノーが所有するブランドとの」こうした強い人間関係が「このブランドにとって」効果もメリットもないなどと主張することができるのだろうか。なぜなら彼らの人間関係のたったひとつの理由はまさにそこにあるからだ。あらゆる権力におもねり、指示を受ければどんな情報操作でもやる能力のあるブリュノ・ジュディ。彼もまたF・O・ジスベールのように、権力者が企てる数限りない接触に無関心であるはずがない。このように形成されたサークルは、ひとたび政治家が優遇されて大統領府に抜擢されれば使命を終える。ここでは、国が生み出したすべての富が、あらかじめ特権を持つ者に与えられている。「ヴィトン事件」で目にしたように、ジャーナリストたちがこうした場に招かれていることもある。こうした近接関係がそれ自体として大義があるとしても、そこに何の効果も利益もないなどとどうして言い切れるのか？　つまり、こうして優遇された政治家たちは、自分が共和国の要職に就いたとき、今度は自分の取り巻き連中が要ることに気がつくからだ。マクロンもまた、日に何度もパリの選り抜きのエリートを官庁内のレストランやプライベートな住居に招いていた。それも国費でだ。特にアルノーの来訪については、その忠実な友情に申し分なく報いるので、こき使われて疲れ果てた使用人たちが逃げ出す事態を招いている。

われわれの告発はこれで終わりではない。というのも、ひとたび大統領と寡頭制を関係づける事実が明らかになれば、そこから引き起こされた妥協と利権争いを調査すべきであろうからだ。必要なのは、この寡頭制が彼らがひいきにする者たちのために公共空間に介入したことを立証するデータなのか？　つまり採用、左遷、昇進、その他の事実なのか？

フランスのメディアほぼ全体が陥っている無気力状態には呆然とさせられる。その質の低下は、まだ民主主義がそれほど破壊されていないイタリア、ドイツ、スペイン、ポルトガル、イギリスの人たちにとって明らかだ。毎日、三十数ページの痛ましい紙面を発行し、ボロボロになった編集部を脆弱な広告費でまかなっている『リベラシオン』に、マクロンがいつからフランス一の大富豪夫婦の友人になったのかを知るための調査や、そのマクロンがどうやってこうした人物たちと付き合い始めることができたか説明を求めることができるだろうか？　こうした付き合いには友情はいっさい存在しない——そう言ったのはグザヴィエ・ニールであり、人々は彼の言葉の意味を理解しはじめている——のだから、彼らから敬意を得るにはどういう手を使ったらいいのだろうか？　寡頭制に従属する新聞に対して、その体制の内輪話、つまりジャーナリズムが生み出しうる最も貴重な貢献に属することをどうして求めることができるだろうか？　そういった見通しを持った内容のある記事は、現行の法体制がただちに押しつぶして新聞を危険にさらしかねないのだから、なおさらである。

彼らの関係に友情は皆無なのだろうか？　ならば、これが利益のためでしかないということがはっきりするのではないか。アミアンで育った青年が家族の抑圧から逃れ独りパリにやって来て、幾度となく美化された愛によって自分の人生を打ち立てる、といった話がそこで持ち出される。

われわれはひかえ目な態度を示すこともできるし、蓄積した証拠があっても、われわれが暴いた事実をもう一度見直すこともできるだろう。結局、大勢の人々に向けて語られたマクロンについての作り話と、ここで言及してきた関係を即座に覆い隠す仮面とのあいだのつながりとはどんなものなのか？　純粋な相関関係なのか、あるいは意図的に作り話で演出して関係を隠蔽しようとしているのだろうか？　要するに、すべては、はなから作り話ということなのだろうか？

伝説は、ある「地方出」の紳士を、身ひとつでパリに出てきたように作り上げたものでなくてはならなかった。彼はピカピカの教育を受けたあと、国の要職に就き、公共福祉に身を捧げる。そして決して評判を落とすようなことはしない。これが、『パリ・マッチ』からフランス・テレビジョンまで、数多くのジャーナリストたちによって語られた物語だ。ドキュメンタリーや物語、連載記事、人物紹介記事の演出と、その作り話を広めるのに莫大な金がかけられた。

ごく一部の人が試みたように、この作り話に改めて疑問を付すことはできるだろうか？　マクロンは大統領候補として選ばれ、友人たち——いや、正しく言えば、彼の寡頭制の友人たち——によって細心の注意を払って要職に押し上げられたのであり、神格化されたような、田舎から出てきて福祉に身を捧げようとした純朴な青年ではまったくないということ、こういったことに取り組まねばならないのである。

妥協とか寡頭制といった言葉を使ってみたらいい。それだけで、このシステムの末端の兵隊となっているジャーナリストたちがすでに上げている怒りの声が聞こえてくる。彼らはそれは陰謀論だとして疑いを差し挟み、自分たちの既成秩序をいささかも問題視しない。あまつさえ、その陰謀論や寡頭制批判を安っぽい大衆心理学や外国の影響に還元しようとしている。既成秩序と常に同調しながら、既成秩序を問題にしようとする異端者を尊大な態度で見下し、自分たちの奴隷根性を認めない人々に、これらの言葉を言ってみたらいい。自分たちの自由を叫ぶ一方で、自分たちが興奮した面持ちで昼食から夕食までのあいだに共有した事実を隠し続ける人々のことだ。そして大統領選を食い物にして、われわれが目の当たりにしている体制崩壊に多大な責任を負っている人々のことだ。

ジャーナリストたちの怒りの声がすでに聞こえてくる。あるいはもっと激しい怒りがまだこれから起こるだろう。沈黙する者もいるかもしれない。その声は、彼らは信用できないことをわれわれに示し、証明する。愚かなのか、ものが見えないのか。積極的妥協なのか、あるいは消極的妥協なのか。それよりも問題なのは、メディアを所有することで国家以上の行動手段を所持している寡頭支配者と大統領との「友情」関係が、元来取り扱われるべき政治的な案件であるという理解を彼らが拒否することだ。まさにこれは彼らと寡頭支配者との関係、すなわち大統領との関係であり、それは彼らに深く関わる関係であると言わねばならない。

それを否定することは彼らの妥協に卑怯さを加えることになる。

彼らの言葉を聞いたうえで、たとえ彼らの善意を信じたとしても——そしてこうした不明瞭な関係に何ら問題はないと信じたとしても——、これらのすべてを明らかにして、われわれの主張を陰謀論として斥ける者と民主主義の敵の口を閉ざすために、少なくとも大きな調査手段を発動しなくてはならない。至るところに悪を見るだけでなく、あえて言うなら「理性」と「世界」の中心であるパリに、そしてうまく飼い慣らされたジャーナリストの目が届かない昼食と夕食のあいだに、政治家が富豪に身売りする掃きだめがあることを直視しなくてはならない。

しかしその証拠はほとんど明白にはならないだろう。なぜなら証拠は存在することができないようになっているのだから。

28

とはいえ、逆風に逆らうようにして個別に反撃を試みた人たちには敬意を表したい。彼らは排斥された。そのひとりによる著書が、相手の痛いところを突いた。『マリアンヌ』のジャーナリスト、マルク・エンデヴェルドの『曖昧なムッシュ・マクロン』(*L'Ambigu M. Macron*)が最初の強烈な一撃となったのだ。この著書は、誰もマクロン現象について何もわかっていなかったこともあり、『ル・モンド』と『フィガロ』どちらの書評欄にも取り上げられなかった。

ラガルデールとニール、アルノーとマルシャンがでっち上げた物語のほうに関心と興味が集まっていて、『曖昧なムッシュ・マクロン』は見くびられ無視された。そして、われわれを偽の奇跡話に導こうとする『JDD』や『シャランジュ』〔フランスのビジネス週刊誌〕の論説記者の御膳立てされた作品の引き立て役になった。

マルク・エンデヴェルドは、この本を書いたあと、『マリアンヌ』がチェコ人の寡頭支配者ダニエル・クレティンスキー(65)に買収されると、同誌の記者を辞めた。クレティンスキーは、同じく『エル』を含むラガルデール・グループのいくつかのメディアも買収し、その要職にドゥニ・オリヴェンヌを当てた。そしてその後、大手エネルギー事業エンジー社の買収を準備するため、ル・モンド社におけるピガスの持ち分を買収したが、それはまさにマクロンがサルコジの後を受けて同社を完全民営化しようとしているときだった。かつてサルコジは、二〇〇七年の大統領選のキャンペーンで支持を取り付けるため、「絶対に民営化はしない」と約束したはずの企業の規制緩和を認可した。建設業大手ヴァンシ社に高速道路の工事施行権を認めていたドニミク・ド・ヴィルパンに対抗してのことだった。

歴史は繰り返し、われわれを打ち負かす。チェコの寡頭支配者、クレティンスキーの前にもうひとりの寡頭支配者、スイス在住のパトリック・ドライによる『リベラシオン』の買収があった。同紙の買収は、フランソワ・オランドのたっての要請だった。当時、大統領府副事務総長の器でもないのにその任にあったマクロンへと、その要請は引き継がれた。アルストム事件〔二〇一四年に大手鉄道関連事業の同社が米司法省より贈賄罪に問われた〕のなかで、Française des jeux〔国内宝くじ〕、ADP〔パリ空港公団〕、トゥールーズ・ブラニャック空港、リヨン・サン＝テグジュペリ空港の民営化というすでに決まっていた企てや、さまざまな妥協がラガルデールに不可解な利益をもたらし、それにより「ル・プティ・パリ」を形成する人々の周辺でマクロンの信頼度が上がっていた。徒党を組んで陰で玉突きをしているようなものだ。ブイグ・グループ〔大手建設会社〕がSFRを買収する許可をもらうためにアルノー・モントブールから支援を受ける一方で、パトリック・ドライは寛容なところを見せる必要があった。『リベラシオン』は経営不振に陥っており、この状況を察知したパトリック・ドライは、ベルナール・ムラドに面倒を見てくれるよう求めた。ドライの申し出は、ボロレの口添えで受け入れられ、五〇〇〇人のリストラをもたらした。この話を公にしたのはわれわれではない。ドライの手下のひとりでマクロンの仲間でもあるベルナール・ムラドだ。このエピソードは、雑誌『ヴァニティ・フェア』二〇一八年一二月の人物紹介で明かされた。ジャーナリストもムラドもいい気なもので、ことの重大さに気づいていないようだ。ムラドは悪びれることもなく寡頭支配者的な方法論の数々について説明し、約三〇〇億ユーロの借金があるエコール・ポリテクニーク出身者〔ドライのこと〕が、大統領の再選をお膳立てする制度の導入に抵抗する電話通信会社を買収するために大統領の後ろ盾を得ようと思いついたことや、その後、フランソワ・オランドのグランゼコール同期生で、オランドのゴーストライターも務めた［ローラン・］ジョフランを編集部トップに任命したことなどが明らかにされた。ムラド本人は、やはりドライに買われた『レクスプレス』やRMC、BFM-TVといったメディアと同様に、『リベラシオン』の経営トップに任命される。彼自身が言っているように、友人であるエマニュエル・マクロンを表紙で扱うよう促し、なにはともあれ『レクスプレス』は二〇一四年に、「マクロン爆弾」という見出しで方針を打ち出した。マクロンはムラドを大統領選挙キャンペーン期間中の顧問に指名することでこのときの返礼をし、その後バンク・オブ・アメリカ・フランスにパリ空港公団の民営化についての権限を委託し、数カ月後にムラドがそのトップに任命されることとなる。マそうこうするうちに、オランドの求心力がなくなり、『リベラシオン』『レクスプレス』両紙とも、マニュエル・ヴァルス出馬のキャンペーンを張って闘う態勢を取り始める。だがそれはいっときのことで、その後ヴァルスが失墜すると、他のメディア同様、「［支配者と］親密な関係にある」マクロン支持に回らざるを得なくなる。テレビ局のBFMはどうだったかと言えば、知名度の低いマクロン候補に、他の候補者全部を合わせた分の露出と発言の場を提供した。(66) そしてオランド大統領の再選を支えるために作られたシステムは、次なる候補者の支持へと極めて自然に移行してしまった。つまり、目的に見合った期待どおりの隷属を生み出したというわけだ。(67)

29

マクロンは、プレネルとブルダンを相手にしたインタヴューで、アルノーの友人ではないと断言した一〇日後、トランプがフランスに敬意を表して催したホワイトハウスの公式晩餐会にアルノーを呼び寄せた。だが結局、それもおそらく偶然のことだろうし、さらに言えば、彼らの関係が立証されたとしても国民の興味を引いただろうか？　結局、どうでもいいことなのか？　才能ある人材同士がお互いを高く評価し合い、交流を持つのは当然ではないかというわけか？　彼らが善良であると信じればいいのだろうか？　厳しい法制により公人の資金融資は規制されており、いかなる妥協の跡も確認されていないのに、政治的選択を交友関係に帰することは安易ではないだろうか、というわけだ。しかし、ＩＳＦ〔富裕税〕の廃止以外にも、自身が創設し微々たる雇用の効果しかないのに毎年二〇〇億ユーロの出費が必要なＣＩＣＥ〔競争力強化・雇用促進税額控除〕の存続を、大統領がやっきになって擁護する姿勢をなぜ問いたださないのだろうか？　マクロンの行為について、雇われジャーナリストに向けられたかすかなサインをキャッチすることもなく、ベルナール・アルノーが「友人ではない」マクロンを支持するために自分が所有する『レゼコー』の紙面を大きく割いた論壇記事を署名入りで書いたことが二人の関係を説明している、と考えないのはどうしてなのか？　事実上われわれを支配している権力との友人関係——それも時には協力関係にさえある——を、まさに寡頭支配者らしく「私生活の尊重」を口実に隠蔽したことについて腹を立てないのはどうしてなのか？[68]　ファースト・レディが自社ブランドの服を着ていることを公に自慢しながら、そこに何の宣伝効果もないと言い張ることに驚かないのはどうしてなのか？[69]　これが単なる友情関係だなどと、どうして言えようか。

ブルジョワの礼節に似つかわしからぬこうしたやり口は、たとえ彼らが日刊紙にすでに露出させていたにしても、国民は無関心だった。要約するとこうだ。一年ほどの大統領選挙キャンペーン期間中、公約が皆無だったマクロン候補は選挙集会を人で埋めるのに苦戦していたが、これらの選挙集会は、作為的に活気にあふれているように見せかけられた。ある一冊の著作『ミミ』によってわれわれは、前代未聞のメディアによる大々的な宣伝の源泉となり、メディアの付和雷同が起きた理由となったものが何だったかを、知ることができた。それは、あらかじめ自分たちにとって極めて有利な政策を実行させるために内輪のサークルへの入会を許可した人物「マクロン」を大半のメディアに支持させた、ということである。

どんなに突っ込んだ調査報道をもってしても、このメディア・キャンペーンに対抗することはできなかった。個別に行なわれたいくつかの調査はあったが、即座につぶされてしまった。

人間は付和雷同してしまうものであること、周囲のみんなやマスコミが当たり前のように提示する現象に対して自分の意見を貫くのが難しいということ、こういったことはよく知られている。

こうしたことがいかなる悪影響を生みだしたかは、知ってのとおりである。

第五章　錬金術

30

ここで、富が形成されるのは何も不思議なことではないということに触れておこう。彼ら大富豪が政治家とつながりを持ち政治家に対して大きな影響力を有していることは、その資産が何十億ユーロにものぼるうえで決定的な役割を果たす。

フランスの政治の命運を担っているのは、われわれが自慢してやまない輝ける民主主義でなくてはならず、人々の内在的美徳や長所でもなければ、寡頭支配者たちに仕える人々の能力でもない。寡頭支配者たちが自分たちが無私無欲な人間であるとわれわれに信じ込ませるために、メディアに何億と出資できるのはわかりきったことだ。

フランス一の金持ちになったアルノーの資産がどのような方法で生み出されたのか。それは、国の費用で行なわれた不正な取引き——繊維企業のブサック・グループの買収——のおかげだ。この買収——と言うよりはむしろ公金横領と言ったほうがいい——は、例のローラン・ファビウスによって八〇年代に与えられた政治的計らいのおかげで実現した。アルノーが買収額の半分を出すという条件で一億ユーロ近い金額が国から提供されたが、彼はその金を作る必要さえなかった。特に実入りのいいディオールの香水とボン・マルシェを含む高級ブランドという「財布」を手に入れたからだ。アントワーヌ・ベルナイムの指揮のもと、準公共部門のいくつかの企業と「さまざまな乱脈ビジネスで」悪名高いクレディ・リヨネが動員されて、アルノーはたった数年で一大帝国を築きあげた。その元になったのは、一族の財産によって可能となった学業と処世術のおかげで国家が彼に提供したネットワークである。

公債を利用して借金と国の貸付金を帳消しにし、血税を無駄遣いさせるような際限のない一連の介入。これらによって彼は億万長者となり、利益の薄い部門を切り捨て、大掛かりなリストラをしていく。その後、メディアの買収を始め、税金逃れを目的にベルギー国籍を得ようとした。そして、駆け引きに失敗したときは、歴代大統領たちと友情を結び、歴代大統領たちは彼の税負担を軽くする決断をしてきた。

エマニュエル・マクロンはひとたび大統領になると、こうして恥も外聞もなく、自分の同類たちは脱税ではなく最大限に制度を利用しているだけだとプレネルとブルダンに対して言ったり、税金亡命を防ぐために作られた出国税金を廃止したり、ブリュッセルの亡命者コミュニティの前で思わせぶりな笑みを浮かべ、ベルギーに亡命するには「正当な理由」があると口にしたりした。(70)

31

ISBN978-4-00-022970-8
C0031 ¥2700E

まさに、惜しみなく国の財源を自分の会社に投入してくれた政治家との癒着関係を通してアルノーは財を成したのであり、マクロンがアルノーに対してこれほど愛想を振りまくのはこうした「近親相姦」関係によるものだ。そのときは無害と思われた友情とその他の暗黙の了解、この点特にファビウスとの関係は際立っているが、まさにそれが国益を犠牲にしてアルノーを今の地位にあらしめている。アルノーの資産は二〇一六年から一八年までの二年弱で三〇〇億ユーロから七〇〇億ユーロへと倍増したが、それはまさにマクロンと彼の取り巻きによって推進された政策のおかげなのだ。その一方で、国全体の購買力は停滞し、特に貧しい人々の購買力は減退している。だが、特にもう一度強調しておきたいのは、アルノーの資産の元になった公共財産を窮地に陥った政権が売り飛ばしたのは、破産や大量解雇を回避するためではないということだ。それは一九八三年から始まった経済政策がガタガタになる一方で、政権が機能を維持し、容赦ない右派の巻き返しに抗するための支えを求めていたからである。その証拠に、国がリストラ回避のためアルノーに補助金を大盤振る舞いしたにもかかわらず、リストラは行なわれた。当時の社会党政権は、金融界のネットワークとメディア界の仲介者を求めていた。これによって公共空間を押しつぶす措置を打ち出すことが可能となり、同党の豹変ぶりから「緊縮スパイラル」と呼ばれ、結果的に大衆の支持離れを引き起こすこととなったイデオロギー的土台への裏切りを埋め合わせることができると考えたのだ。政権与党であり続けるため、社会党はこの方針に沿った計画を段階的に実行した。そして、民主主義を堕落させたのである。

これらすべてが想像以上にわれわれに重大な影響を与えうることがわかり始めた。これは国全体の命運を左右することすらありうるのだ。

岩波書店
ISBN4-00-022970-2 C0031 ¥2700E
さらば偽造された大統領
定価（本体2700円+税）

小さな汚職と大きな汚職との関係、小さな政策と大きな政策との関係。マクロンが大統領府副事務総長時代に創設し、国に数百億ユーロの負担がかかっているCICEの一番の恩恵を受けているのはカルフール・グループ（ここでも再び登場する）だが、このCICEと、やはりいくつかの大企業が見返りとしてマクロンに与えるあり余るほどの支援とのあいだに関係が結ばれはじめた。

誰も富裕税や脱税に触れることもせず、納税者と公共サーヴィス利用者、そしてこの世界第六位の強国で暖をとることもできない人々にとって、毎年一〇〇〇億ユーロ近い損失があることにも言及しない。

こう言うと、それは陰謀論だという答えが返ってくるだろう。つまり、社会の没落を招いたフランソワ・オランドの（あらゆる措置を含む）経済政策がオランドとマクロンによって立案されたという内緒話をジェローム・カユザックから聞いたというのは、陰謀論だというわけだ。

しかし陰謀論は、ここでは、最も事実に即した理解のことだ。彼らが陰謀論を持ち出すのは、自分たちがそこで果たしている役割を否定するために誰もが目をつむるシステムを隠蔽するためであり、ジャーナリストが些細なことに思えた「友情」の問題の中にわれわれの制度の公明正大さを危険にさらしかねない何かがあるのではないかという調査をすることをやめてしまったのも、そのためである。

ジャーナリストと政治家がこれらの有力者におもねるさまは、退廃の域に達している。ここでは犯罪となるようなことも行なわれている。INSERM［フランス国立保健医学研究所］によれば、ここ四〇年来フランスの指導者たちが増やし続けてきた大量失業によって、毎年一万から一万五〇〇〇人が死にかけている。それは彼らの経歴と有力者に有利なように作られた不健全な経済システムに彼らが同意したからだ。

このシステムが、形骸化した民主主義として、この四〇年間一貫して行なわれてきた社会的結合の破壊、賃金破壊、不平等の拡大をもたらしながら生き延びているのである。

そして本当の民主主義は、亡くなった三〇万から四五万人もの人々や膨大な数の打ち砕かれた人生とともに息絶えたのである。

フランスのような共和国が生き残るためには、国は国民と社会を代表する役割を担う中間層の存在を認め、国家と統治者たちの行動を監視する義務がある。ジャーナリストは第一に、国民に情報をもたらし、国民の代表が私利私欲で権力を行使しないよう監視する役割を担っている。そうでなければこの国の体制の存在理由すら崩壊し、この国の民主主義は形骸化する。だが今まさにそれが現実となっている。当事者たちを動かした利害関係について知ることもできず、公表された彼らの経歴について検証することもできず、彼らの二枚舌や彼らの考えの根源や彼らがわれわれに吹き込もうとするまやかしのプロパガンダについて調査することもできない。そんな状況の中で判断材料なしで投票される選挙にどんな意味があるだろうか。

32

こうしたことがわれわれを苦しめてきたが、告発はこれで終わらない。理由なくして富豪になれないのと同じように、あてずっぽうで大統領になることはできない。それは明らかだ。一国を指揮する大統領の職が卓越したものであるのは、その職務を掴み取った個人の卓越性の賜物なのだと、誰もがそう思わされがちだ。ところが、われわれが人々の指導者たるにふさわしく必要不可欠だと考える資質よりも、その選出と汚職のメカニズムのほうがより強力に作用している。そして、グザヴィエ・ニールはそれをよくわかったうえで、ベルナール・アルノー同様、[71]メディアに私財を投じることを決め、メディアのネットワークを広げた。

誰しも理由なくミミ・マルシャンと付き合うことはしない。

もちろん、世間知らずな人はそうは考えない。そこでそうした人には改めて『ミミ』を読んでもらう必要がある。この本は、グザヴィエ・ニールがミシェル・マルシャンと協力関係を結ぶようマクロンに提案する前に、マクロンとマルシャンに彼のメディア・ネットワークを利用するように申し出ていたことを暴露している。それはニュース番組を検証し、場合によっては黙らせたいがためだった。

ここで、わが国の新聞雑誌を所有する最重要人物について話そう。その人物は『ル・モンド』紙をはじめ、いくつかの新聞に手をつけた。一方で、彼は自分が報道内容に直接介入したとしてもその証拠は絶対に見つからないと断言していた。自分の意図が明確にならないような仕方で許可を与えるというのだ。また大統領とファースト・レディ、マクロン夫妻についても語ろう。彼らは薔薇色の大理石の宮殿でニールの世話になることに同意した。他ならぬこの理由から、彼らは絶対的権力者となった第三者への従属をこのときすでに受け入れていたのだ。マクロン夫妻は、受けた援助に対し常に恩義がある。それはいつでも流出しかねない情報を握った者への負い目でもある。彼らは永久にゆすられる可能性に縛られている。

彼らにとって幸いなことに、情報流出は確認されていない。

これは、われわれ国民を巻き込んだ渦の、まだ始まりに過ぎない。われわれがこの事件に取り組むのを可能にするもうひとつのメカニズムを明らかにしよう。ニールは、「彼の」新聞が作り出す報道内容に決して干渉していないと主張する。セルジュ・ダッソーは、父親がロベール・エルサン・グループから『フィガロ』紙を買収し（この時期に、もうひとりの別の政治家、マニュエル・ヴァルスと彼の父親ダッソーとのあいだでどのような協定が結ばれたかはよく知られている）、その後同紙の所有者となったが、そんなことは絶対に言わなかった。だが、以前はラガルデールも、アルノーも、ブイグも、自分が所有するメディアへの干渉を否定しなかった。

新たな世代に属するグザヴィエ・ニールは、そうした問題について不信感が募っていることに気づき、独立性を最優先項目の中心に据える有力紙の編集部を手中に収めようと狙っていた。そうして彼が生み出したのは、ジャーナリストたちとのあいだに距離があるのをアピールしつつ、個人的には彼らを潰し続けるという奇妙なやり方だ。これは、ましなように見えて実はより悪質だ。というのも、「自由意思が守られている」という幻想、ジャーナリストたちがそれを必死で守ってきたという明らかに事実に反する幻想を抱かせるからだ。各媒体はそう主張する方法を見つけ出すことになった。たとえば、『メディアパール』は、「メディアパール友の会」のなかでニールが有している株を買い戻すとか、買い戻させるとかという熱意を見せるよりはむしろこの幻想にあて込んだ。そしてニールについて虚実ないまぜの長い調査記事を掲載したが、政治家とのつながりに関してだけは取り上げておらず[72]、読めば拍子抜けする代物だ。その後、『メディアパール』はニールについてめっきり関心がなくなった。

『ル・モンド』紙もまたダニエル・クレティンスキーについての長い調査記事を公表することで、この幻想を巧みに利用しようとした。おそらく誠意を持って。その記事は、ダニエル・クレティンスキーが小さな寡頭支配者のマチュー・ピガスから『ル・モンド』紙の持ち株を買い取った際に掲載された。彼が突如として、今もって民主主義的かつ社会の財産と見なされているメディアという道具に野心を抱くことになった経緯は説明されていない。

この幻想が危ういのは、メディアの監視機能を低下させ、数々の緊張関係を生み出す一方で、汚職まみれの状況を容認させてしまうからだ。これは、新世代の寡頭支配者たちにとって利点以外の何ものでもない。二〇一八年九月に暴露本が出版されるまでは隠されていたが、ミミ・マルシャンのような頼れる配下がいるのだから、報道内容に直接干渉しても意味がない。というのも、さまざまな暴露記事を事前に握りつぶすか、あるいは暴露し過ぎる恐れのあるあれこれの情報源を抱き込めばよいのだから。情報内容はといえば、政府内にいる口の堅い人脈によって予防線が張られているのだ。権力がパイプ役のひとりであるルイ・ドレフュスを介して間接的にニュース制作現場に介入しているとわかっているのだから、検閲する必要などないのである。ドレフュスは『ル・モンド』『オプス』『ハフィントン・ポスト』『インロック』の取締役だ。彼がこれらのメディアで担当していたのは、採用と解雇、昇進と左遷、パリで最も信望のある編集室をさらに勢いづけるための日刊紙経営だ。フランスじゅうのジャーナリストがこれらの編集部への入社を夢見ており、いつかそこへ入社するためには何を隠しておいたほうが得策であるかをよく知っている。

ゆえにグザヴィエ・ニールは、断じて記事を検閲していないと主張する。ミミ・マルシャンの権限と、政府内の人脈、ルイ・ドレフュスの権力と各編集部内に存在する彼の仲介役、ニールが持っている一部のジャーナリストとの直接のつながり。これらによって決して「不都合な」記事が公表されることがないと確認できるのなら、検閲が何の得になるだろうか？　さらには、ニールが仲間の寡頭支配者と一緒に手の込んだやり方で立場を弱くしたり強くしたり、昇進させたり追い落としたりした人々すべてが自主規制をするのだから、検閲など必要ない。ニールは自分の気に入るかどうかで、ジャーナリストたちを解雇したり採用するだけで十分であり、何も表沙汰になるような危険を冒す必要はない。ミミ・マルシャンや他の誰かに「あの情報を闇に葬りたい」あるいは「敵対する誰それを失墜させたい」と頼めばいい。どのような指示に基づいて脅しや名誉毀損、信用を失墜させる行為が行なわれるのかは、誰も見当がつかない。「私が私の所有する新聞の報道内容に干渉したという証拠は、決して見つからない」。そのとおり、それは確かだ。

ニールは、資本集中の積み重ね、会社のさまざまな経営計画、そして給与への干渉などを通じて、ジャーナリストにプレッシャーを与えて追い詰め、健全経営をつぶしながら、仲間であるアルノー、ラガルデール、ボロレたちの家父長的で旧態依然としたやり方とは異なる戦略をとった。とはいえ、『ル・モンド』という難攻不落と思われていた要塞を攻略したことによって、誰も彼や彼の友人にむやみにたてつくような危険を冒さないことが確かとなった。かなりのイメージ操作がなされたあと、食物連鎖の頂点に君臨しどんな野心家も決して彼に「本気で」挑むことのないようにするには、国内の主要メディアを買収するだけで十分である。確かに報復のために問題が表沙汰になることはあるし、不幸な記者が組織の中で援助を失ったときには、自由の問題が再び浮上する。ここで少し、アレクサンドル・ベナラという人物に触れたい。今はもうわかっているが、なぜベナラがさらし者にされたのかは一度も明らかにされていない。この人物を巡る雑報によって明らかにされた結果と、本書で名前を挙げてきた関係者を同じくらいの熱心さで調査報道していれば明らかになったであろう結果とを比較してみよう。

確かな事実に立ち返ろう。普通の社会では、ニールは、あらゆる人の毎日の生活費の何代にもわたる総計を超えた額の財産を持ち、大統領との親密な関係によって毎日大金を稼いでいる他の寡頭支配者と同様に、名を成したいすべてのジャーナリストにとって競争を勝ち抜いた勝者として受け止められていただろう。しかし彼はちがう。ニールが使っていたのは二七歳の元警備員、暗黒街のやくざ者、卑しいペテン師といった連中なのだ。

だがしかし、である。

だがしかし、ニールは有力者とのランチを重ね、この国のヒエラルキーの上層部に影響を与え続けている。彼は有力者たちに、どういった政治家や勢いのある指導者が彼らの利益に結びつくかを示唆する。この示唆は、編集部のトップ周辺にいる手下のような人物や、それと同類の影響力を与えられたジャーナリストによって代わる代わる触れ回られるようになる。そして、一見犯罪と無縁のこの利益が誰の役に立つものだったのか、最後は記事にするべき記者まで、誰もが平気な顔でわざと知らぬふりをしている。この利益を生み出しているシステムについて知っていようがいまいが、記者は周囲の無知を信じて、概して提灯記事を書くようになる。こうして認められた人間が、相思相愛の擁護者にしかるべく報いるのが責務だと感じないはずがないだろう。

33

ジャーナリストたちはこうしたすべてを明らかにすると言うが、それは口先だけだ。彼らは一蓮托生なのだから。ともあれ、絶対的権力にも欠陥があることを知らねばならない。エマニュエル・マクロンがまだ大統領府副事務総長でしかなく知名度が低かった二〇一四年一月当時、グザヴィエ・ニール本人が、マクロンは大統領になるだろうと私に告げた。このことを知らされていたのは私ひとりでなかったことは読者の想像に難くないだろう。ニールはこの時点から、こうした情報を教えることがあらゆる利権争いの予見を可能にし、自分にどこから関心の目が向けられるかを知ることができるというメリットがあることがわかっていたのである。

われわれが提示しているメディアの機能のもうひとつの限界がここにある。民主主義の原則すら損なわれているにもかかわらず、金持ちが所有するメディアは明確な違法行為に関してのみ指摘するにとどまっている。虚偽、裏工作、さらにはもっと悪質な合法的な買収について、ほとんどのジャーナリストは関心がないようだ。彼らはますます損なわれ続けている民主的な言論空間の歪みについて語ろうともしない。ニールとアルノー一家、マクロン夫妻が二〇一四年夏に初めて一堂に会したということが言われ続けても驚かないようだ。だが、その数カ月前にニールは私にマクロンがフランス共和国の大統領になるだろうと話していたのだ。しかも、あるニュースソースによると、ばかばかしさの極みと言っていいのだが、ニューヨークやロサンゼルス方面でセッティングされた会合の際、たまたま彼らがマクロンを大統領にする算段をしたということについても驚かないようだ。実際にはまったく裏付けの取れないまま繰り返し伝えられたこのニュースは虚偽だった。というのは、ニールとマクロンは、明らかに『ル・モンド』紙の買収と同紙の独立性の最終的な喪失を巡る交渉が行なわれた際、すでに面識を得ていたのだから。そして、その交渉において重要な役割を果したのがベルナール・アルノーだ。マクロンは、ある派閥を援助するためもう一方を裏切った、ということになる。マクロンは自分自身が寡頭支配者の仲間入りをする起点となったアラン・マンクの派閥に与し、密かに彼らの提案を支援していたが、他方でニールは、マンク側の提案に対抗する提案をマクロンに持ちかけていたのだ。そもそもニールがパリの名士の仲間入りを果たしたのはこの頃で、夏の休暇を自分のいつもの別荘ではなく、連れ合いとなったデルフィーヌ・アルノーの別荘で初めて過ごしている。

したがって、これらの人間関係についての記事は少なくはないが出来が悪く、意図的か否かはわからないが、この種の人々の広報戦略に役立てられている。このようにして、世論をすっかり封じ込めるために誰もが嘘だとわかっている情報が伝えられるのである。

うんざりするだろうが、これで全部ではない。まだほんの序の口だ。

すでに指摘したことだが、もう一度言う。グザヴィエ・ニールの義理の父とおぼしきベルナール・アルノーは、豪勢なことに、絶大な権力を持つ元フランス政府情報機関のトップ、ベルナール・スカルシニをLVMHに迎え入れた。それは、スカルシニを自分の「ミスター・セキュリティ」にするためだ。スカルシニは元部下たちを絶えず呼びつけ、さまざまな人物の情報を得ている。司法裁判所の裁判官は「エリート」公務員職の最高機関に属するが、「裁判官と同じく「司法官」と呼ばれ同一の職業集団に属する」検察官とは異なり、寡頭支配者に取り込まれてはいなかった。そのためスカルシニは審問を受けた。
そこで、ベルナール・アルノーは、この自分の安全装置を大統領候補だったマクロンのために用立て、防衛策を万全にした。防衛策は、娘婿のグザヴィエ・ニール、ミミ・マルシャンを通じ、メディアを使って行なわれた。大統領選候補者や企業家たちを取り巻くこれらの情報は彼らにとっては財産で、アルノーはその管財人となっている。必要に応じてこれらの情報が金で売り買いされることもある。LVMHがわが国のファースト・レディを歩く広告塔へと変えるだけでは飽き足らなかったことも、おわかりになるだろう。

最初の一歩であったこのことがもし公にされていれば、スカルシニの汚れ仕事に立ち返ることができたかもしれない。それだけでなく、おそらく先に進めたかもしれない。実際はアルノーがグザヴィエ・ニールよりもずっと前にブリジット・マクロンを知っていたということを明らかにできただろう。

マクロン夫人がかつて、フランス一の資産家の子どもたちを厳しい選考と閉鎖的なことで知られる私立フランクラン高校で教えており、同校はわが国の経済エリートの子息や令嬢が教育を受ける、寡頭支配者たちの殿堂であること(73)。これを報じたのは、パリの寡頭支配者たちのグループに直接帰属しない唯一の経済誌『キャピタル』だった。パスカル・ウズロは取るに足らない人物だが、『ル・モンド』の監査役員で、彼がマクロンと、のちに同紙の所有者となる三人の人物との会食をセットした。だが、ずっと以前から言われてきたことに反し、ウズロに関して語るべきことはなさそうだ。私がアルノー家と近しい人物に調査して再検証したこの情報からわかったのは、われらの浮かれた商業メディアの所有者たちは、情報隠蔽に飽き足らず、彼らが暴露したり押さえたりしている癒着関係や妥協、利権争いを隠蔽するため嘘の情報を次々と流して楽しんでいた、ということだ。

そしてこの検証により、これらがいかなる利益のために行なわれているのかという疑問が湧いた。

34

第一の利益は明らかだ。それは、ミミ・マルシャンがブリジットの親友となり、彼女を理想のファースト・レディに仕立て上げる役目を担って以来、全フランス国民から称賛を浴びる無私無欲で寛大なブリジット・マクロン、［彼ら寡頭支配者らの］共通利益の女帝ブリジット・マクロンが、公立高校でも問題を抱えた高校でもなく、フランス社会に強い影響を与えるステークホルダーでもあるパリの最も裕福で差別的な高校のひとつで教師をしていたという事実を覆い隠すことである。ブリジットのフランクラン高校への配属は、要請を受け、意図的に選択されたものであり、フランクラン高校側はその大きな恩恵を受けた。妻ブリジットの求めで、マクロンはポンピドゥー・センターが困難な状況にある高校に割り当てていたクラス訪問をフランクラン高校が得られるようとりなしている。こうしたやり取りから、親しい仲間うちの関係を緊密にする会合が持たれるようになった。このことからわかるのは、ブリジット・マクロンが自分の立場を利用して夫を国内のおもだった資産家に結びつけたということ、金もコネもなくパリへ来たと自称する野心家の夫に資産家たちを紹介したという事実だ。

ここまでくると、目眩いがしてくる。厳しい目にさらされ、フランスに身を捧げる決意を持った、清廉潔白な、家柄なき青年マクロンが大衆に紹介され、閣僚あるいは大統領府副事務総長にもなっていない彼に、大衆が時経たずして騎士の称号を与えることになるのである。しかし彼は、寡頭支配者グザヴィエ・ニールだけでなく、ニールと血縁関係を結んだフランス一の財力を持つ人物をも支援者かつ友人としていたのだ。

財務監督局(国の財政をチェックするとされているこの機関は、たくさんの背任行為のためにザル機関と化している)時代のコネクションを利用して得たロスチャイルド銀行とそのネットワークに加え、地元アミアンのブルジョワ、さらにはあとで記すがジャン＝ピエール・ジュイエからの援助など、マクロンはブリジットを介して政治的資本をかき集める作戦をすでに開始していた。その作戦は返さなければならない借りに見合う価値があり、マクロンはその借りを増やし続けた。

これはまだ二〇一二年のことだ。こうした人間たちに握られたメディアは、「それから数年後」素知らぬ顔で、完全な独立性を持ったジャーナリズムという立場をとりつつ、マクロンを「ゼロから出発した、天賦の才と人徳の申し子であり、経験もなく、誰の支援も受けていない、才気あふれる有能な人間で、唯一、知性と才能によって大衆を魔法にかけることのできる神秘的なオーラを備えた知能指数の高い人物」であると紹介することになる。そして二〇一九年には、マクロンはこうしたうわべを利用して、自分と敵対すると思しき者に対し、繰り返し同じ手を使い説得していくこととなる。

二〇一九年の現時点においてすら、このシステムに属するどの報道機関も自己改革できていない。われわれを騙したわけではないとして、自分たちの非を認めないのである。

35

この男、エマニュエル・マクロンが四〇歳前にして大金持ちになれたのは、フランス共和国が彼に与えたネットワークのおかげである。マクロンは、民主主義と民主主義の持つリベラルな側面の鑑であるとか、共和国の能力主義のフランス代表として紹介されているが、汚職まみれの成金でしかなかった。ここで彼個人について考えてみよう。クリーンなシステムを代表するとされる現代の若きヒーローは、自分を対象にしたあらゆる賛辞を正当化するための具体的な論拠を見つけ出せなかった。大統領選挙の際にマクロンを「哲学者(74)」「金融界のモーツァルト」「名高いピアニスト」などと紹介しようとした企てが思い浮かぶ。それはマクロンを魅惑的な人物として正当化するためのものだったが、実際にはそうした魅力は何ひとつ存在しなかった。

こうした事実があまりにも多いだけに、次のような疑問が浮かばざるを得ない。全経歴から利己主義の匂いがするこのマクロンという男は、彼を意のままに操り自分たちの利益になる政策を忠実に実行させようとする者たちの、単なる操り人形でしかないのではないか？ マクロンが、争点となるあらゆる社会問題について極めて関心が薄く、アイデアを生み出す能力がないのは、そのためではないだろうか？ マクロンには今現在の自分の無力さを認める度量がないが、それは「要するに」彼の一種の馬鹿正直さや困惑、周囲から言われたとおりでありたいという思いを告白しているのではないのか？ マクロンは、妻のブリジットに対してと同様、人々が彼に喜んで提供したがっていたイメージに騙され、寡頭支配者の思惑によって彼をよりよく捕捉するため大量に浴びせられてきた礼賛の言葉を、最後には本当に信じたのではないのか？

第六章　真実はどこに？

36

ひとつ強調しておきたいことがある。大統領選挙から一年以上後になってこれらの事実が発覚し、いまだにその一部しか伝えられていないスキャンダルについて、われわれ自身の手でもう一度すべての経緯をまとめるべきだ。そして、嘘と欺瞞をあぶりだし、このスキャンダルの関係者全員と、嘘をつき続け、今回の大統領選挙についてすべてに濃淡をつけて偏向報道し続けてきたジャーナリストに対しても調査しなくてはならない。なぜか？　考えてみれば、マクロン政権に関する最も衝撃的な調査本『ミミ』を執筆したジャーナリストたちが、同書でマクロン政権について数ページしか取り上げなかったのは驚くべきことではない。この本はラガルデールの会社から出版されており、そのうえこのジャーナリストのひとりはベルナール・アルノーの雇われ人で、すでに知られているようなことを書くことすら避けたのである。

このようなシステムでは、出世よりもジャーナリストの独立性を優先することが不可能であるのは、わかっている。出版業界も報道機関も仕事は一種の共同作業であり、そこでは独立精神を発揮しようとしても即座に潰されるのである。『ル・モンド』紙の経営陣が検閲に同意したことへの怒りが噴出したときに、われわれが同紙と対立したのも、そういうことだ。生き残っているごくわずかな独立報道機関は厳しい経済状況のなかで活動しなくてはならず、独立性を守るには相当な勇気が要る。このシステム自体が生み出し続けているいくつもの欠陥をカバーするには、勇気だけでは不十分だ。制度的に定着したシステムから離脱しようとしたら、その代償は高くつく。左遷、バッシング、嘘つき呼ばわり、信用を失墜させるためのさまざまな画策である。この秩序は、あらゆる手段によって再生産され、強制力を発揮しようとする。自分がやられる前に誰それの信用を失墜させるためなら、どんな手段を使ってもよい。最も危険なのは、上にいる者ではない。彼らは下の方に広がっている。すなわち真実を言うために連帯を断ち切り、自分たちを注目の的にする恐れのある者たちだ。

そう、今こそすべての人が恐怖に震えあがるよう扇動すべき時なのかもしれない。そうしないとわれわれの終わりがやってくるかもしれないのだ。

37

つまり今問題なのは、どうすればいいか、だ。毎年数十億ユーロを国民からむしり取っている共謀が、隠微な理由のために国民に隠されているということをフランス国民にどうやって知らせるのか？　こうした事実や出来事の堆積をどうやって多くの聴衆のために議論の場に乗せることができるのか？　聴衆は分断され、状況から切り離され、政治的に無気力にされているのに。共和国の大統領が、

「お友達」に奉仕することを、しかも共和国のなかで約束し、自分が前進するためにのみそうしたということを、支持者にも陰謀家にも見られないように、事実の積み重ねによって語るにはどうすればいいのか？　こうした一連の情報は全体性のなかで補足され説明されなければ、政治的に無力化される。どうやってこれらの情報を総体的な展望の下に置くことができるだろうか？

どうやってこれを知らせればいいのか？

どうすればメディアはわれわれの話を受け入れてくれるのだろうか？　反論だっていい。たとえば『リベラシオン』、『レクスプレス』、あるいはBFM-TV。これらはパトリック・ドライの所有するメディアであり、彼の帝国はエマニュエル・マクロンの援助によってより強固なものとなった。そのドライは、大統領選挙のあいだ、彼の右腕で彼が所有するメディアの事実上のトップであるベルナール・ムラドをマクロンのために用立てて感謝の意を表した。[75]　それは、ベルナール・ムラドが職業倫理に反して出席したメディアの編集委員会の場で、マクロンをトップニュースで扱うよう、ドライの命令として「示唆」したあとのことだった。

『オプス』『ル・モンド』『テレラマ』『メディアパール』、そしてグザヴィエ・ニールが出資したその他いくつものメディアでは、気概のある者たちがゲリラ的な叛逆を試みることもあるが、目をつけられないよう用心深く気をつけている。

オリヴィエ・ダッソーのグループが所有する『フィガロ』については、ダッソーがこうした共謀によって築かれた父親の帝国を受け継いだ今、ジャーナリストが勇気を奮い起こしメディアと億万長者たちの結託を非難するよう願わざるを得ない。

『ユマニテ』紙はつい先ごろ給与支払いが停止してしまい、「今日、大手金融グループあるいはその子会社から独立した報道媒体を持つことの可能性」[76]についてあっけらかんと自問しているが、話はそんなきれいごとではすまない。むしろ公共テレビやラジオへと目を向け直そう。なによりも公共放送の経営陣たちが政府から任命されていること(確かに間接的な任命ではあるが、この件に関しては誰もあまり話したがらない)、マクロンがなりふり構わぬ手段でラジオ・フランスのトップにシビル・ヴェイユ［フランス国立行政学院でマクロンの同期生］を就任させたことを忘れてはいないだろうか？　確かに公共放送の現場では、支配者の影響が長く続いているが、公共放送の占める割合は非常に大きいのでそこにもぐり込む余地があるだけでなく、局側もそれを受け入れなくてはならない。しかし、ことはそう簡単ではない。公共放送のニュース部門の運営の中枢にいたある人物が、お友達である大統領に奉仕するためにいかにフランス・テレビジョンの信頼性を傷つけたかについてはすでに言及したが、出色のジャーナリスト、エリーズ・リュセでも、ニュースの現場でこうしたテーマに切り込むことは決してなかった。

では、どこでこういうテーマを扱えるか？

ベルナール・アルノーのグループが所有する『パリジャン』、『アトランティコ』、『レゼコー』、あるいは請負記事を掲載し、もしアルノーが広告費をストップすればすぐにも潰れる『ヴァニティ・フェア』で？　まさかね！

ヴァンサン・ボロレが所有するチャンネル、カナル・プリュスあるいはC8はどうか？　マクロンは経済相時代、ハヴァス社を通してボロレに自分の広報活動の大部分を任せた（今はアヌーナ［テレビ番組の人気司会者でコメディアンのシリル・アヌーナ］がその役割を請け負っている）。ボロレ・グループの資本的主柱であるハヴァス社は、定期的に電話で連絡してマクロンを番組に招いたことで、彼はその最良の仲介者となっていたのだ。ヴァンサン・ボロレ自身はジャーナリストたちに対し横暴なやり方をすることで知られ、所有チャンネルの看板番組『Les Guignols』を打ち切ったり、ドキュメンタリー番組を定期的に検閲している。彼の息子でありボロレ・グループの重要な位置をしめるヤニックは、エマニュエル・マクロンの集会に出席していた。

では、どこで？

マルタン・ブイグが所有するTF1、あるいはTMCだろうか？　ここもまた爪の先まで妥協に染まり、政府の要請に支配されている。ここに中心的な協力者のひとり、ディディエ・カサスが送り込まれたのは、マクロンの選挙キャンペーンを行ない、仲介がうまくいっていることを確認するためだった。

『JDD』はどうだろう？　『オプス』から『ル・ポワン』へ、『ル・モンド』から『ヴァニティ・フェア』へ、RMCからBFM-TVへと渡り歩いてきたあらゆる政権のちび伍長、エルヴェ・ガッテーニョが持ち前の忠実な僕《しもべ》ぶりを大いに発揮し、ご主人様に気に入られようとしている。ここでは、ご主人様とはベルナール・アルノーなのだ！

では、どこで？

ジャーナリストたちは、少しも利益に貢献せず、有力者から声がかかるかもしれない人脈も持たなければ、四面楚歌に陥っていると感じ始め心配になるのだ。同業組合主義的な利益、自分たちが陰謀家に見られるのではないかという不安、メディア業界の連帯から離脱することの難しさ、ある日業界から締め出されるのではないかという恐怖といったものがそれに加わる。

勇気ある独立したジャーナリストたちがしのぎを削ることによって彼らの空隙が埋められていると思われていた。だが、このシステム全体を確かな根拠を持って批判的に捉え直してみれば、彼らの依存するシステムはもはや恐怖と不安に支配された腐敗した場所でしかないようだ。

38

あらゆるところで誰かが真実の一部を漏らす可能性がある。それを受け入れざるをえないから、ますます不安になる。まさにそれが、このシステムが存続するための条件でもあるのだ。こういったところでは、一筋縄ではいかない独裁国のように、権力争いが巻き起きることになる。たとえば、アルノーのライバルであるフランソワ＝アンリ・ピノーは、『ル・ポワン』誌に『ミミ』の抜き刷りが掲載されるのを黙って見ていた。その少し前に、ラファエル・バケが（怯えて、とまでは言わないが）『ミミ』を称賛する記事を公表していて、ピノーはマクロンから少しばかり心が離れていた。ちょうど莫大な額の追加税問題がピノーのケリング・グループにふりかかった直後であり、『トリビュヌ』によれば一五年間で五五〇億ユーロとみられる脱税の手口が露呈したこと、そのためピノーは負のイメージを払拭し敵を威嚇する必要に迫られていた（『ル・モンド・マガジン』はそうしたピノーの要望を快諾した）ことと照らし合わせてこの記事を読まざるをえないのだが、案の定内容は幾分期待はずれだった。

要するに、道具として利用される覚悟なしには、これらの妥協について報道することは今日では不可能であり、それは誰もがなんらかの形でこれらの妥協に身を任せているからである。

アリアヌ・シュマンがベナラ事件を暴露するという思い切った判断をした『ル・モンド』ですら、しまいにはこうした問題について取材経験のない女性ジャーナリストを選び、幕引きをした。大統領府担当記者のヴィルジニー・マラングルだ。彼女はその前に、『ル・モンド』を骨抜きにするためにルイ・ドレフュスの提案で経済担当部長に抜擢されていた。

善良かつ敵対心なしの『ラ・クロワ』は別として、ほとんどの日刊紙について述べたので、雑誌メディアに話題を転じよう。週刊誌で一番読者離れが少ないのは『ル・ポワン』だ。だが、ピノーのアルテミス・グループが所有しているこの雑誌は、フランツ＝オリヴィエ・ジスベールの残した厳しい負の遺産のなかで、妥協に加担する能力と、体制擁護派にとびきり高値で身売りする能力によってしか存在しえない。また、この雑誌は、クリアストリーム事件［フランスが台湾に売却した大型駆逐艦をめぐる汚職事件に関しニコラ・サルコジ経済相（当時）を含む政治家のリストが見つかるが、その後ドミニク・ド・ヴィルパン首相（当時）が政敵サルコジを失脚させるため行なった裏工作であるとの疑惑に発展。クリアストリームはルクセンブルクにある国際決済機関で、ここの秘密口座リストが流出したとされる］のように、同じシステムのなかでの権力者同士のつまらない派閥争いに加担することとさえある。こうしたメディアがわれわれにまともに応答してくれるだろうか？　彼らはベルナール・アルノーの敵であっても敵ではないのだ。これらの駆け引きに参加することによって何か得るところがあるのだ。

孤独は深まっていく。

フランス・アンテールは、パリのインナーサークルの駆け引きに加わったことで、すっかり辛辣さを失い、黄色いベスト運動ではフランソワ・リュファンの情報を流さなかった。(78) フランス・キュルチュールは保守的な立場になり下がり、時にはファッショ的でさえある。ラジオ・フランスの調査報道部門は、絶えず制作予算が制約され、萎縮してしまっている。この三つ以外に、これらの問題に必要な放送枠を与える多くのラジオ放送がある。スクープを放つのではなく、社会問題への興味を喚起する息の長い仕事を通じて、こうしたメディアの堕落の影響を軽減し、なくすことができるはずだ。そもそも、公共放送サーヴィスの問題は、知ってのとおり、監督者である政府に対する体系的に過ぎる批判は内部で快く思われないことにある。そして、唯一メディアリテラシーの番組である『Instant M』は、自らの属するラジオ業界について体系的に再検討することを拒否している。それは［ラガルデールの所有するラジオ局］ヨーロッパ1が立ちふさがっているからかもしれない。

またしてもラガルデール！

ＲＭＣ？　ここはアラン・ヴェイユだ。すなわち数年前からパトリック・ドライの所有だ。その一方でヴェイユは、あとで述べるように、女きょうだいのカトリーヌ＝グルニエ・ヴェイユ経由でマクロン政権と親密な関係になった。グザヴィエ・ニールは自分のグループ会社の取締役員にヴェイユを指名し、それによりＲＭＣ／ＢＦＭはニールから潤沢な支援を受けた。ニールは彼を、喜んで道具になる「友達」のひとりと見なしている。

これらのテレビチャンネルやラジオ、新聞雑誌で、本書で列挙した人物についての体系的批判が聞かれることがあっただろうか？

RTLは、『キャピタル』と同じくM6チャンネルを所有するM6グループに属する。会長のニコラ・ド・タヴェルノスは、デルフィーヌ・アルノーが同社の監査役員だったときにフリー社に関する調査について検閲があったことを明言している(79)。

新しいメディアはどうか？『Brut』や『ハフィントン・ポスト』など、独立性と現代性の代名詞であるこれらのメディアは、若者にアピールする術を心得ているが、どんなパワー・ゲームが上の世代で行なわれたかを報じることに大きな関心を持ってもいいはずだ。しかし、これらのメディアの主たる出資者が誰かおわかりだろう。グザヴィエ・ニールである。彼は、これらのメディアに過剰な口出しをする理由をまだ見出してはいないが、管理下に置くために彼の臣下をここに配置している。

さて。

いずれにせよ、試みることが必要だ。これまで説明してきたように、こうした事態は系統立った方法で機能してはいない。というのも、不備や溝は常に作り出されるし、勇気ある者たちはダメにされる前に立ち上がるし、行動は試すことができるからだ。だが、その犠牲はいかほどだろうか？　敵の数とつりあうだろうか？

そして、何のために？　熱のあるコラムが、日々作られる情報の山に埋もれあっという間に消えてしまい、誰もが自分のこの先の運命が見えなくなっているのだ。

そう、すでにやってきたように、思い切って試してみよう。そして、最後までできないかもしれないことは認めよう。『マリアンヌ』でさえ、まさにそうした企画に打ち込んでいた瞬間に、公表の約束を取り消したのだ。

では、出版社はどうか！　われわれがこれほど顔の利く場所はないのだから、取りかかろう。ファイヤール社はフランス出版界の素晴らしい版元だ。だがこの出版社は、アシェットつまりアルノー・ラガルデールに買収された。実質的にはまさにミシェル・マルシャンを擁護するために『パリ・マッチ』に介入したラムジー・キルーンによって運営されている。そして、ファイヤールのナンバー2は、大統領の「大親友」、あのベルナール・ムラドの妻なのだ！

グラッセ社？　表面上そう見えないが、ファイヤールと同じ所有者で序列構造も同じだ。あの本『ミミ』の発行元はグラッセ社」がなぜキルーンのしたことをミミ・マルシャンのせいにしたのか、理解できるだろう。

ついでに指摘しておくが、この公明正大さの欠如が何を意味するのか、推し測る必要がある。ストック社など、その他多くの出版社も、所有者は同じだ。彼らが正面切ってマクロン政権、そしてそれを肥え太らせた者を批判するために、いかに大きな変化を引き起こさなければならないか、察しがつくだろう。

ガリマール社？　つい先ごろこの出版社の長年の重要な作家であるアニー・ル・ブランが検閲を受けたばかりだ。それは、彼女がモード界を描いた最新作でＬＶＭＨを批判したからだ。

最近起きたベルナール・アルノーの会社によるガリマールへの資本介入は、有名な〈コレクシオンブランシュ〉［白い表紙の文学叢書］をヴィトンのバッグの宣伝に使用したことに表れているが、ガリマールにとってはなんの利益にもならない。

もちろんアニー・ル・ブランは、ガリマールにおける三〇年というキャリアを残してストック社へ移ることもできただろう。しかし今回、ラガルデールには彼女を受け入れる理由がなかった。

失笑や無気力を避けるため、一瞬、いつの時代だって同じだ、と言いたい気持ちにかられるが、いや、そうじゃない。これほど酷くはない。ここまで酷かったことはないのだ。

大半のフランスのメディアと同じように、ガリマール社も長いあいだ独立性を保っていたし、このような権力集中の状態になったことは決してない！

ともかくもう少し続けよう！　フラマリオン社は？　ガリマールに買収された！

フランソワーズ・ニッセンのアクト・シュッド社は？　苦笑いするしかない。実に楽しくない笑いだ。

他にもたくさんの事例がある。待てよ。ちょっと誇張し過ぎだという声も聞こえてくる。おっしゃるとおりだ。しかし、ロベール・ラフォンはどうか？　ラ・デクヴェルトはどうか？　どちらも五〇近い出版社とともに、エディティス・グループの傘下にある。そして、同グループは、ヴァンサン・ボロレに買収されたばかりだ……。

だが、それでもまだ多くの独立性のある出版社は存在する。いや待て、ラ・デクヴェルトから新社長を迎えたル・スイユはどうだろう？　スイユ社は今やメディア・パルティシパシオン・グループの傘下にある。メディア・パルティシパシオンは、多くの出版社に大きな影響力を持つフランス全国出版組合の会長が経営しており、先ごろスイユ社にある計画を押し付けたばかりだ。［現スイユ社社長の］

ユーグ・ジャロンが、このわれわれの書籍の出版計画について、同社の編集者たちが彼に熱っぽく語ったとき、どんな反応を示したか見ものだっただろう。まだ他の出版社の問題もあるが、パスしよう。多くはすでにもみ消されてしまっている。要するに、独立性を持ったメディアがこれから行動を起こして、法的・経済的・メディア的圧力に抵抗するには、さらに事実を伝え、出版し、論評することが必要なのだ！　いま現在、誰が版元を持っているのか？　そして誰がそれを中継するべきメディアを持っているのか？　これを明らかにして伝えなくてはならないのだ。

第七章　支配のメカニズム

39

ひとまずこれらについて考えることをやめて、先を続けよう。

これまで書いてきた話はこれで終わりではないことに、今気づいた。ラファエル・バケは、アレクサンドル・ベナラがミミ・マルシャンがエリゼ宮に非公式に雇われるための裏口になったことを暴いたのだ。そもそもマルシャンは、ベナラが街頭で警官になりすまして市民に暴行を加え、逮捕していたことがばれたあと、メディア対策を請け負っていた。だが、ベナラ事件の情報の暴露され方が、問題の所在をわからなくさせていた。

それでも、何が起きたか理解できた人々は固唾を呑んだ。ベナラ、このアレクサンドル・ベナラこそ、勤務時間外に市民に暴行を加え、逮捕し、そのうえ大統領の親衛隊を組織しようとしていたのだ。要するに、警察や軍隊の命令系統の束縛から外れ、何の懲罰もなく汚れ仕事をこなす人間を集めようとしていたのだ。(80) そう、そいつだ。

読者は言うだろう。「もうやめてくれ！　お前の話は支離滅裂だ」と。しばしお待ちを！

これから説明することを聞いてほしい。ベナラは、憲兵隊の予備役の支えのもとでエリゼ宮を警備し、市民を追い返せとの命令を受けていた。ベナラは、全国家公務員の人事を発令する場所であるエリゼ宮の警備に動員された憲兵と警官の監督を務めていた。信じ難いことに、このシステムが継続するならば、数週間の研修を受けただけで、特別な資格もなく、政治的判断以外にいかなる組織のコントロールも受けない警備員を、政府の中枢に特別任用できることになる。それは、ただひとりの男に奉仕するためであり、ベナラにこの国の治安部隊すべてに対する「事実上の」権限を与えるためだった。

ここでもう一度繰り返すが、ベナラはリュドヴィック・シャケールという人物とともに、ミミ・マルシャンとエリゼ宮のパイプ役を務めていた。なぜ、ベナラが大統領特別顧問で絶大な影響力を持つマクロンの側近でもあるイスマエル・エムリアンに、警視庁から盗まれSNSで拡散された五月一日の防犯カメラのビデオテープを渡す役割を果たしたのかが理解できたと思う。ベナラは市民に暴行を加え、逮捕した。彼の行為は、フランス国内に暴力と恐怖に満ちたムードを掻きたてた。あまりにも世間を動揺させるであろう事件だったので、そのまま公表するわけにはいかなかった。これが「ベナラ事件」なのだ。しかしそこで語られたのは、些細ないくつかの詐欺行為とパスポート偽造問題であり、こうした報道のくだらなさにはうんざりさせられる。

この事件がわれわれの興味を引くとすれば、それがわれわれの議論とおおいに関係があるからだ。マクロンが、自分のプライベート・ポリスの中から私的に選択した人物を国家の全治安機関を統率するポジションにつかせようと考えていたとすれば、それはどのような方法で行なわれたのだろうか？そういうことだ。

そして、なぜこんなことができたのだろうか？

ここで、われわれはエマニュエル・マクロンを大統領にする役割を果たしたもうひとつの筋道に触れよう。これでやっとすべてがつながるのだ。

マクロンは、有名になるのに有利な立場にあった。しかし、さらに、彼の正当性を作り上げることが必要だった。彼がこの国家に君臨し、国家に奉仕するのでなく国家を略奪するように仕向けなければならなかった。

堂々と振る舞うための原動力となりパイプとなる人脈を、マクロンのために見つけなければならなかった。獣は簡単に飼いならされない。マクロンに白羽の矢が立ったということは、彼にはそれなりの適合性があったということだ。

だが、それではまだ不十分だった。人物像に磨きをかけ、脇を固めることで国民の前に紹介されたマクロンは、同時に、ひとたび権力の座に就いたら、十分に武装していなければならなかった。

マクロンが政権に就くだけでなくその政権を盤石にすることを可能にした人物、マクロンが国民をかどわかすだけでなく国を支配することを可能にした人物。その揺り籠役を担ったのは、ジャン＝ピエール・ジュイエだ。彼は、その時点では、自分が誰に奉仕しているかということをおそらく自覚していなかった。

では、こうした状況へと至るよう仕向けたのは誰か？　それは、長らく影の存在であり続けたリュドヴィック・シャケールというアレクサンドル・ベナラの手下だ。彼らは共にエリゼ宮と、エリゼ宮が情報提供してきたメディアとのあいだの情報伝達係だった。

リュドヴィック・シャケールは、ただ者ではない。彼は自分が第一書記を務める《共和国前進》にベナラが雇用されるよう取り計らい、その後、エリゼ宮のテロ対策チームの中心に配属された。彼は、仲間のベナラと同じ武装計画を推し進めるという使命感に燃えていた。

こうしてシャケールは政府の秘密の中枢に迎え入れられた。そのため、彼の手下たちみたいにつまらない軍隊的階級制を気にしなくていい権限を与えられていた。この職位でただひとり大統領首席補佐官執務室に入ることのできる人物だった。どうしてか、おわかりだろう。

このポストについたシャケールは、必要なときは、ミミ・マルシャンとの連絡をベナラに頼んだ。こうして彼は、マクロンの最側近の補佐官であるイスマエル・エムリアンの〝部隊〟(81)に入隊するときの入り口役になったのだ。マクロンに最も近しい顧問であるエムリアンは、マクロンの広報担当であり、大統領案件担当であり、彼自身がすべてを計画することのできる状況にあった。

そういうわけで、シアンスポで出会ったエムリアンの信頼厚いシャケールは、国家の秘密を入手することができ、エムリアンが興味を示しそうな情報を伝えることができた。その情報によって、エムリアンは自分の関与を知られることなくマクロンのため必要な汚れ仕事を指示できた。

どんな工作が行なわれたか、考えられるだろうか？ たとえば、ネットで匿名のアカウントを使うという極力目立たない方法を使って、メディアに国家の中枢を発信源とする情報を広めさせる、ということを想像してみよう。そして、すべてに通じている仲介者を介し、この情報を扱えというサインを「お友達」ジャーナリストたちに送ることを。そう、エムリアン特別顧問が関わっていることが決してばれないように、十分な仲介者が立てられ、どの組織のヒエラルキーにも強制を受けない彼らを経由して警察機構や軍機構に接触することによって、匿名のパトロンは身を守ることができる。

ということは、五月一日に彼がいたあの場所でベナラが人に見られたのは偶然ではなかったことになる。だからこそ、ベナラという人物をある高級官僚が確認する様子が映像に収められており、ある《不服従のフランス》の活動家を介して事件が流出したのだ。この事件は、エリゼ宮でマクロンが、特別顧問を通じ、さまざまな人脈の拡充を担う組織を設立しようと画策していたことを暴露している。情報を使ってマクロンに力をつけさせたこれらの人脈は、マクロンの政敵を失脚させたり、彼の自己保身を可能にした。

『ル・モンド』がこのからくりを暴いたのは何かしらの偶然によるものだ。『ル・モンド』はベナラがエムリアンに二〇一八年五月一日の防犯ビデオの画像を渡し、後になってエムリアンがおそらくそれを匿名アカウントからSNSで拡散させたと報じたが、詳細については語られていない。要するに気がかりなのは、コンプライアンスを破ったことを当事者たちが否認しても、認めざるを得ない証拠が示す事実を黙殺することはできないということだ。今回について言えば、その情報の出どころは警察の組織であり、軍ではなかった。そしてこの件を担当していたのは、ベナラであり、シャケールではなかった。ただし、いつもそうというわけではなかった。

シャケールは尊敬される政治家でもなく、高官ですらない。ベナラ事件が国民の前に露呈するまでは、日陰の存在だった。それは、エムリアンをいかなる影響からも守り、彼の潔白を証明し、彼の立場を擁護できるセーフティネットを作り出すという、特殊な任務が彼にはあったからだ。事件が表沙汰になるなり、エムリアンの辞任に関する噂が広がった。それは、新たな証拠の暴露によって急激な支持離れが避けられなくなることにより、彼らのボスにとってさらなる危機的な状況が起こらないようにするためだ。

こうした人物に頼ったのはどうしてだろうか？　シャケールについて幾人かの側近に尋ねたところ、これといった能力がなく、生まれた環境とまったく違う場所に身を置く多くの人々がそうであるように、シャケールもまた忠誠心が強く、それを限りなく高めていく特性を持っていた。

こうした人間は常に権力にとって重宝だ。シャケールはたった数年ＤＧＳＥ［フランス対外治安総局：フランスの国家情報機関］で仕事に従事しただけで、その後仕事から遠ざけられていたが、彼が今の地位を得たのはボスの援助あってこそであり、ボスに奉仕するためなのだ。

シャケールがポストを手に入れるために使った手口は、彼がやりたがったカードゲームよりも雄弁にそのことを語っている。彼はエマニュエル・マクロンのもと、大統領選の少し前の段階で昇進し、その後さらにエリゼ宮で昇進した。そのことは、マクロンと、われわれが調査しているこの国の寡頭制のもうひとつの側面との深いつながりを示している。多数派が［選挙で］いかなる選択をしたとしても、権力者たちの利益が国家装置の内部と通じているということを、この調査は明らかにする。族内婚による排他的なこの国のエリート族のあり方、マクロンの初期段階の昇進をもたらした選考システムのお粗末さ、メディアにおける快進撃、そして大統領選での勝利などがどうつながったかということ、そしてマクロンの大統領就任に呼応するかのように彼らの影響力が広がったことを明らかにする。

有力者たちによって、いかにマクロンが公共空間に登場するよう仕向けられたか、そしてその際、マクロンの名声とマクロンが引き起こした欲望とのあいだに大きなギャップが作り出されたことについて、ここまで明らかにしてきた。あとは、最初に白羽の矢が立てられたとき、次期大統領としての能力を認められるために、マクロンがどうしたかについてだ。

40

大統領になるためには、代理人を求める大富豪たちに取り巻かれること——代理人になるためにはあらかじめ、大衆に向けた申し分のないクリーンな経歴と、人を惹きつけかつスマートな外見、気取りがなく、はっきりした態度がとれることなどをはじめとするいくつかの必要条件がある——だけでは十分ではない。「代理人」として選考されたあと、自分の周囲を忠実な軍隊で固めることができる人物であることもまた必要なのだ。

こうして権力者たちの計画が動き出す。国家機構の信頼性を確保し、国じゅうが思考停止に陥ったなかで、国家機構を大統領を選んだ自分たちの利益に奉仕させるための見せかけの正当性をつくるという計画だ。彼らは、権力のシステムを動かすための恥知らずな利害関係者にならねばならず、絶対に裏切ってはならないし告発してもならない。ベナラの退職後、マクロンの彼に対する寵愛の印が増えていることが、それを物語っている。

大統領に仕える私設警察官には十分な給与と保障を与えなくてはならない。彼らを優遇することで、実施された政策の根拠、あるいは「国家財産の」略奪について一瞬たりとも疑問を持たせないようにするためだ。メディアを通じて社会との仲介役を果たすマクロン政権の軽騎兵とも言えるステファン・セジュルネとガブリエル・アタルのもとで描かれた配備体制を、大統領の私設警察官である彼らが補完するのである。

マクロンが大統領選挙キャンペーンに取りかかったとき、彼は飛び抜けて若く、こうした忠実な人脈を築くことができるような経歴を持っていなかった。だからこそ、地方自治体の政治家たちに力を借りようと呼びかけたのであり、特にジェラール・コロン［当時のリヨン大都市圏の行政長、現在のリヨン市長］からの信頼は重要だった。だが、一時しのぎの対策は、彼らが政府から欲しいものを手に入れると崩壊するしかなかった。それで配下を人為的に養成する必要に迫られたマクロンは、いくつかの間違いを犯すことになった。シャケールによるベナラの登用、エムリアンによるシャケールの登用などだ。

第三者の利益のためにつき動かされるマクロンは、自分たちの利益を守る目的で最初に彼を大統領に選んだ寡頭制のもうひとつの側面に配慮しなければならなかった。

事件は、マクロンの上流と下流の両方で起きていたのだ。リュドヴィック・シャケールは、ジャン＝ピエール・ジュイエを頂点とする装置の影の連絡係だった。この点、マクロン体制の二つ目の栄養源だったテクノストラクチャー統制の脆弱さは、マクロン政権がどれほど脆いかを表している。

この男は準備ができていなかった。

ラファエル・バケが描いているように(82)、部分的に権力の装置に組み込まれた公共機関であるシアンスポで、リシャール・デコワンによるシャケールの引き抜きと登用が行なわれた。シャケールはシアンスポのアジア・センターの責任者に抜擢されている。シャケールは、ここで当時シアンスポの法務部長だったエディット・シャブルという人物と出会っている。シャブルは、フランスで大きな影響力を持つ経営者一家の娘であるブリジット＝テタンジェ・ジュイエと親しかった。彼女がシアンスポに採用されたのは、「ル・プティ・パリ」内で行なわれる馬術関連イベントでの夕食会で、シアンスポの資金調達をするためだった。一方、彼女の夫であるジャン＝ピエール・ジュイエは財務総局局長からＩＧＦ［財務監督局］の局長となり、さらに大きな影響力を持つようになった。そして、大統領府官房長官という絶大な権力を手にすると同時にシアンスポの審議会の委員にもなり、執拗なやり方で妻のブリジット＝テタンジェをシアンスポにねじ込もうとした。そして、彼は親友のフランソワ・オランドの政権の支柱と見なしていたエマニュエル・マクロンを支援するために人脈を総動員したのである。

41

ジュイエがマクロンに出会ったのは、マクロンがＥＮＡ［フランス国立行政学院］を卒業したときだった。マクロンはジュイエと同じ「機関」［経済・財務省］に配属され、ジュイエは翌年この機関の指揮を執ることになる。マクロン青年の率直な野心に興味を引かれたジュイエは彼をかわいがり、絶大な力を持つ財務監督局のポストを提供した。

自称社会党員でフランソワ・オランドの親友だった[83]ジュイエだが、ニコラ・サルコジ政権下ではヨーロッパ問題担当副大臣への任命を受諾し、その後、オランド政権下で大統領府官房長官となった。

こういったことはおそらく決まっていたことだったのだろう。この時期、エマニュエル・マクロンは、当時のフィヨン内閣への入閣をこの同じ人物、つまりジャン゠ピエール・ジュイエから持ちかけられていた。その後ジュイエはジャック・アタリにマクロンを紹介し、マクロンをフランソワ・オランドの大統領府副事務総長へと導いた(84)。

フランス国民は人と党は違うのだと言い聞かされているが、これらの人物が、国民が投票によって発動させようとしている政治的機構をどのように扱っているか、見てみよう。

パリでは、民主主義の原則はどうでもいいものになっている。友人同士での助け合いや昇進の計らいしか意味しない。

マクロンの「同時に」という口癖がどこからきたのか、わかってきた。

ジュイエだ。彼は、三〇年来の友人で、財務監督局のポストを自分に譲ってくれたオランドを「裏切った」あと、サルコジのもとで、国会で採択された欧州憲法条約(ミニ版)を施行するが、条約の基本はその二年前となる二〇〇五年に国民投票で否決されたばかりだった。そして、オランドが大統領に選ばれると、ジュイエは再びオランドに仕え、マクロンを経済大臣に昇格させた。

ということは、そう、マクロンの「同時に」という言葉は、最初は政治的改革を表す言葉として生まれたが、それまで仲違いしていたエリートたちの融合のことでしかなかったのだ。そして急激に増えつつある族内婚に貢献しているこの集中が、進歩と現代性の象徴であるかのように語られたのだ。

お人好しの――もしくはこのシステムに巻き込まれて安穏としているような――ジャーナリストた

ちは、それにまったく矛盾を感じていなかったし、政府の発表をただそのまま伝えるのみで満足していた。

だが、システムが崩壊することを予測して、マクロンが彼の助言者ジャン゠ピエール・ジュイエから伝授された改革から着想を得て提案した改革の広がりを推し測らねばならない。その改革とは、この政権への従属と引き換えに、エリート官僚の特権と地位が永続することを保障されるというものだ。その場合、エリート官僚たちは、大統領選挙で五〜七年おきに変わる誰かに従属すればいい。

そうすれば、これまで必要とされてきた忠誠のための機会費用を回避することができるからだ。私はなぜこの話をするのか？　それは、政権交代には、民主主義に息を吹き込み、さまざまな情報の収集によってメディアを活性化するという効果があるからだ。そこでふと気づかされることがある。それは、マクロンが大統領に選ばれた選挙から何カ月ものあいだ、われわれの民主主義は窒息状態にあるのだが、そのことについて何ものを言うことができないのはなぜかということだ。マクロンが極右政党を利用して演出した、極右との対立構造をつくる戦略に魅せられて、伝統的なエリートたち全員が権力に取り込まれてしまい、そのときから権力から逃れられなくなっているのだ。

今や、心酔したエリート階級からエマニュエル・マクロンが受けた称賛がいかに大きな比重を占めていたかよくわかる。サルコジは、自分を軽蔑していたエリートたちの同意を得るには等価交換が必要だということがわかっていた。そのサルコジのやり方を使って、マクロンはエリートたちを心酔させた。

駆け足でいこう。今度はジュイエについてだ。彼は、マクロンを自分の妻と家族に紹介するにとどめ、そこからマクロンを当世随一の由緒ある共和国の金融会社へとつないでいく。

さらにジュイエは、デコワンが学長を務めるシアンスポの「インテリゲンチャ」にもマクロンを紹介する。ＥＮＡ卒業生が高級官僚を辞めるとそうするように、空き講座の講師を勧められたマクロンは、適当なことを教えることにしてシアンスポに入り込む。その後、ローラン・ビゴルニュ［モンテーニュ研究所所長］の計らいで、収入を補い将来への準備を進めるため、研究班の指導を任される。

要するに、ジュイエは、フランス経済をいびつなまま維持するという「体制の思考」――彼を有名にしたイデオロギー的な言葉――を信奉しつつ、その実自分が縁戚関係を結んだ家族の事業に精を出して、民主的なプロセスを破壊する戦略の先駆者になったのである。その戦略は、サルコジ政権下では、「解放」というスローガンを掲げたが、マクロン政権下では、「同時に」というスローガンになったのである。

その後、経済大臣にマクロンを任命させる前に、ジュイエは、ジャック・アタリにマクロンを引き合わせている。今度はアタリが彼をフランソワ・オランドに紹介する番だった。アラン・マンクと同行したアタリは、オランドに自分の意見を吹き込むためにマクロンを利用した。そしてマクロンが行なった大げさな論争、特に欧州顧問担当官との論争を通じてオランドを説き伏せようとした。

こうしてエマニュエル・マクロンは財務監督官としての立場で、アタリ委員会の報道官に指名された。やはりジュイエの寵愛のおかげであり、さほど重要ではない国の政財界の著名人と知己になるためだった。重要ではないというのはつまり、第二幕に登場し、この本で言及した大富豪たちに大人しく依存し服従している人たちだからだ。この人脈に不満を抱いたマクロンは、あえてロスチャイルド銀行に採用され、アタリのもとで任務についていた際に手に入れた満足のいくコネによって、九〇億ユーロにのぼる合併買収のプロジェクトを実施した。

だからこそ、ジュイエなのだ。その妻のブリジットは普段からシアンスポで仲介と相続の才能を発揮しており、デコワンによって法務担当ディレクターに任命されたエディット・シャブルのすぐ近くで、シアンスポの仕事に従事していた。そして、これもおそらくたまたまということなのだろうが、エディット・シャブルがエドゥアール・フィリップの妻であることがわかった。

さあ深呼吸しよう。息を吸って。

吐いて。

エドゥアール・フィリップは当時ル・アーヴルの副市長で、のちに市長となる。だが、彼が自分の妻エディット・シャブルをシアンスポに採用してくれたデコワンとナディア・マリク夫妻に尽くしていたことは、知られていなかった。あるいはその逆だったかもしれない。しかし、シアンスポの分校をル・アーヴルに開校するための補助金を負担することも[85]、何もかも偶然の結果でしかなかったのだろうか。その後彼が音頭を取り[86]、リシャール・デコワンへの賛辞が刻まれた石碑の除幕式が行なわれることも。その除幕式に招かれる前のことだが、私はもう少しでマクロン体制の支持者のひとりになろうという考えの虜になるところだった。

ナディア・マリクは、ブリジット＝テタンジェ・ジュイエの前にシアンスポの開発ディレクターのポストにあったが、その間に夫のデコワンが亡くなった。彼女の亡き夫はＳＮＣＦ［フランス国鉄］総裁のギヨーム・ペピを熱愛し、(87) 私をシアンスポに登用してくれたのは彼女だった。そして彼女もまた寡頭支配の仲介者としての役割を引き継ぎ、生涯の伴侶リシャール・デコワンから受け継いだ右派の有力者らと交わり、同時にペピの後ろ盾で左派の人脈を増やしていった。全員がジャン゠ピエール・ジュイエの側近となり、ローラン・ビゴルニュの社交界の仲介者となった。デコワンの後継者と目されていたビゴルニュは、デコワンの処世術のおかげでモンテーニュ研究所所長に任命された。

マクロンの党《共和国前進》が最初に住所登記したのはビゴルニュの住所だった。リュドヴィック・シャケールが同党の第一書記であったことは、先に述べた。ビゴルニュの役目は、CAC40からマクロン体制への支持をとりつけ、デコワンが彼を所長に抜擢したモンテーニュ研究所をマクロンのために役立てることだった。この研究所は理論上は中立だが、実際には言論空間をネオリベラリズム的な分析研究でいっぱいにするためにつくられた。そしてこの研究所に資金提供する寡頭支配者に役立つ仕事を引き受けている。さらに、アンリ・ド・キャストル［フランスの保険・金融グループ、アクサの元CEO］に対する橋頭堡の役割を果たしたオリヴィエ・デュアメルの処世術によって維持されたシアンスポとの緊密なつながりを正当化し、認めさせるために利用されている。それは、CAC40の分け前を持っていくことでフィヨンがマクロンを味方につける前に、フィヨンを支持するためだった。

ローラン・ビゴルニュはTeach for France［教育NPO団体］の副会長でもある。アラン・ヴェイユの妹によりフランスの将来の教育政策を整えるために設立され、夫に先立たれたナディア・マリクが引き継いだ。セーヌ゠サン゠ドニの教師たちの入れ替えを民間でやろうというのだ。Teach for France の運営委員会のメンバーには、ピュブリシス社のトップのモーリス・レヴィ、当時ダノン社でロビー活動を担当していたエマニュエル・ヴァルゴン、FNSP〔国立政治学財団〕会長のオリヴィエ・デュアメル、そしてフランソワ＝アンリ・ピノーのアルテミス・グループのトップ、パトリシア・バルビゼがいた。

『ル・ポワン』がなぜわれわれの暴露話を公表するのを躊躇するのか、わかってきただろう。

つまり、ナディア・マリクとつながったローラン・ビゴルニュは、リシャール・デコワンを介して政財界の名士たちの仲間入りをした。この保守派の男は、デコワンの死によって臭いものに蓋をする必要に迫られて〔デコワンはホテルで全裸死体で発見された〕、フレデリック・ミノン――彼もまたデコワンと親しい関係にあり、エドゥアール・フィリップとエディット・シャブルの子どもたちの名付け親だ――がシアンスポの学長に任命されるまでデコワンの後継者と見なされていた。

マクロンに組織的な支持基盤がなかった時期、最初に彼を支援したのはローラン・ビゴルニュだ。ビゴルニュは、ピュブリシスのトップでありマクロンが大臣職にあるあいだ彼の相談役だったとされるモーリス・レヴィに近く(88)、フランスで最も影響力のある女性でブリジット＝テタンジェ・ジュイエの友人でもあるパトリシア・バルビゼとも親しかった。そして、エドゥアール・フィリップ内閣の副大臣に任命されたエマニュエル・ヴァルゴンとも親しかった。ヴァルゴンは、ダノン社で得た人脈を利用してナディア・マリクにエディット・シャブルへつないでもらい、シャブルにエドゥアール・フィリップへつないでもらった。

ENAに合格して以降、名を上げるような功績はなく影の薄かったエドゥアール・フィリップだが、失脚したアラン・ジュペの穴埋めとしてアレヴァ社に入社し、広報担当として同社に隷属した後、ジュイエ人脈と親しくなっている。ジュイエのコネにより、彼は国民議会議員となり、さらにはル・アーヴル市長を二期務めたが、彼の妻がシアンスポに登用されたのは、夫の役に立つためだったのか、彼女を引き立てた者たちの役に立つためだったのか、わからない。そして彼は次期首相としてエマニュエル・マクロンに推薦されることになる。マクロンが彼に何らかの才能を認めたとか、あるいはマクロンの全国的な地盤が弱かったからというわけではない。族内婚的かつ縁故主義的な強い絆で結ばれた一部の人間たちが、マクロンの選挙キャンペーンのために、候補者間の公正性を確保するための選挙法の規制を逸脱して、彼ら流のあらゆる公的・準公的な手段を使ったのだ。

息を吸って。

吐こう。

まだ無名だったにもかかわらず首相になったことで、新聞、ラジオ、テレビがエドゥアール・フィリップについて持ち上げ、空疎だが称賛的な記事を書きたてた。彼を正当化し、リーダーとしての適性も民主主義的課題への取り組みも問わないまま彼のキャリアをうやむやにした。

ジャーナリズムは数カ月のあいだ、彼の才能を陰謀としてではなく付和雷同的にほめそやした。それは、正直者なら認めることができなかった才能を後付けで正当化するためだった。

システムに組み込まれたジャーナリストたちは、自分たちの無能をさらすのに耐えられず、彼の能力に対し懐疑的な立場をとろうとしたが、そのために自分に非難が及ばないように彼の能力ではなく人格を褒め称えた。

エマニュエル・マクロンが経済大臣に任命されるよう仕向けたジャン＝ピエール・ジュイエは、マクロンが大統領に着任すると、見返りとして、大使としてフランスで最も名誉ある駐英大使に任命されたが、それは彼を遠ざけるためでもあった。

シアンスポは、卒業生全員が出世し、彼らが社交界のあらゆる人脈とつながるために、ずっと利用されてきた。それはこれらの人間を雇用するためばかりではなく、縁故採用的なシステムをより広く活用するためだ。マクロンの手に委ねられているそのシステムは金融界の寡頭支配者たちのそれに勝るとも劣らない。その一方で、シアンスポから派生した多くの事業のひとつで、国の教育政策の中枢にこれらの人間を送り込むとされるTeach for Franceはある人物を見つけ出す。かつてニコラ・サルコジの僕《しもべ》だったミシェル・ブランケールだ。エドゥアール・フィリップは、リシャール・デコワンが教育大臣職を打診されたときにブランケールを官房長官にすることを検討していたことから、彼を国民教育相に任命する。こうして、最低限の政治的基盤もない、知名度のない名士であるフィリップが、やはり同様にそうした名士であるローラン・ビゴルニュにとって代わった。ナディア・マリクの資産管理を引き受けていた大手弁護士事務所［ヴェイユ事務所］で弁護士となったオリヴィエ・デュアメルは、この時期、マリクと、シアンスポのテクノストラクチャーの一部とともにパリの名士たちの夕食会を経回っていた。ローラン・ビゴルニュの援助を得て、彼らの利益に奉仕し、自分にとっては新しい秘蔵っ子であるマクロンの選挙キャンペーンのために奔走していた。マクロンはといえば、ニューヨークからベイルート、アルジェへと飛び回っていた。これらの場所で資金集めのディナー会を行なえば、ひとり頭一万五〇〇〇ユーロもの会費が手に入った。出席者にとってはマクロンにお近づきになる光栄に浴するための経費だ。

これらの人々が、リュドヴィック・シャケールを推薦したのだ。シャケールはシアンスポに採用され、リシャール・デコワンが亡くなるとすぐにシアンスポを去っていた。今度はシャケールがアレクサンドル・ベナラを採用し、腐敗した彼のネットワークを寡頭支配に隷属した政府の中に導入した。そして、シアンスポの事務総長からフランソワ＝アントワーヌ・マリアニに至るまでの彼らの子分たちは、彼らの秘蔵っ子・マクロンが大統領選に勝利した後、国家中枢の高い地位に、時には例外的な命令によって任命された。

先へ進もう。

彼らはフランスの寡頭支配の支柱なのだが、これまでに、彼らのうちの誰かひとりでも、名前が出るのを見たり聞いたりしたことがあっただろうか？　彼らの活動についての調査をただのひとつでも読んだことがあるだろうか？

彼らが相次いで政府あるいはその他の機関の重要ポストに任命されることに驚きはしなかっただろうか？

われわれの説明を聞いて、ようやく霧が晴れてきただろう。

第八章　黄昏

42

真実に光を当てると主張する「大メディア」の読者を怒らせるに違いない問題を提示しよう。エドゥアール・フィリップの妻は公的資金でうまくシアンスポに採用されたが、それはそれとして、エドゥアール・フィリップは繰り返し語られたとおり、二回の大統領選の間にはじめてマクロン周辺に紹介されたのだろうか？

そして、何度も繰り返し語られてきたとおり、彼はでっち上げられた功績と政治的重要性によって、またたく間に首相に抜擢されたのだろうか？

むしろ、世渡りのうまさと奉仕し奉仕される能力、それに数十年来の腐った族内婚のおかげではなかったのか？　それらによって、共和国システムが許容する単純な昇進によって、惰性的に影響力を獲得することができたのだ。フィリップは国務院に勤めたあと、アレヴァ社に雇われ、十分な給料をもらっていたが、それまでに培った人脈を会社の業務に利用していた。それは、同社が、ウラミン社に関する裏委託のスキャンダルに巻き込まれていたときのことで、この「傷ついた会社」を是が非でも救い出すため、スキャンダルをもみ消す必要があった(89)。

話が脇道にそれただろうか?

いや、そうではない。

ウラミン社は三〇〇〇人の従業員をリストラし、国庫から二五億ユーロもの使途不明金を引き出した。元をたどればエリゼ宮に行き着く枝分かれした流れが明らかになった。しかし一〇年後には、誰もそのことを気にかけていないのだ。

笑うしかない。

というのも、多くの者が中道派を通って社会党の左派から右派へと移行するような政治状況において、民主主義について話すと思わず笑ってしまうからだ。彼らは選挙などに無関心で、社会をうまく操るため、社会を貫いている亀裂に体裁上加わっていることで事足れりとしているのだ。

それでは彼らのように笑おう。

目には見えない多くの人脈が何も言わずマクロンを支えた。国家が彼らに与えた手段に基づいて、全員が喜んでそうしたのだ。問題はもはやロスチャイルド銀行がシャンゼリゼのテラスで用立てた裏金に言及することではない。

重要なのはひとえに、公的機関が一部の者の利益に奉仕する道具として使われていることを明らかにすることだ。

43

頻繁に語られていることだが、皆が同じ「集合的組織」に属している政治空間の中では、直接的に国家によって、またはパントゥフラール［Pantouflard：グランゼコール出身者で高級公務員の資格を持ちながら私企業で仕事をする者］の場合のように国家とは別ルートによる間接的略奪によって保障された給料は、かなりの額に達し、揺るぎないものになる。

パントゥフラールは選挙で失敗しても身を守ることができる。その数は、六〜七桁に達する。彼らは、官僚となった同期生たちが足踏みしているあいだに、配偶者のビジネスによって自分の地位を固めている。公職と民間職を行ったり来たりすることで、些細な不正にも加担することなく、特権的地位を守ることができる。

彼らはいつも中身がからっぽで拘束もない快適な生活を送っている。シアンスポでは相手の気を引こうとするとき、制服の執事が給仕してくれ庭と学生を眺めながら食事できる幹部レストランで昼食をとる。

私は一八歳のとき、周囲からパントゥフラールになることを期待された。二〇歳のとき、それを明らかにするようはじめて求められ、リシャール・デコワンにそのためのミッションに参加するよう提案されたのだが、即座に彼と袂を分かち、二度と会うことはなかった。デコワンにとってそれが教育大臣になる道を切り拓く方法だったようだ。

ほかの者たちは、私のような選択をしなかった。

結局、ほかの者たちにとっては、このパントゥフラールのシステムによって最後まで公権力を利用することができれば、それ以外のことはどうでもよかったのだ。

その点では、バラデュールが経済・財務大臣だった当時、最も露骨にことが運ばれた。数少ない高官たちが国家官僚として君臨し、国家歳入の多くを使い果たす〝食い合い〟が始まった。それは際限のない国家歳入の持ち出しを加速させた。

そうしたやり方で、ジャン＝ピエール・ジュイエのようなパントゥフラールの大物は大きな仕事を引き受け、それをマクロンに捧げた。

こうした場所で信頼関係が醸成されているようだ。それはお互いに妥協し合っているからである。いずれ自分が攻撃される恐れがあるので、もはや誰とも袂を分かとうとはしない。その相互信頼主義は権謀術数ですらない。閨房の秘め事に慣れっこになっているので、ある者の裏切りが他の者の妥協を暴露することを誰もがよく知っている。妥協なくしては存在せず、妥協なくしては何者でもなく何も持ちえない者たちが、裏切りの余波で全員失墜することになるのだ。それゆえ、最も原始的な部族のように口を閉ざし、身柄を取り引きするのだ。

こうした状況の中で、民主主義の原則や政治の理念についてどうやって考えることができるだろうか？　国家は、国民を固定化し国民の搾取を許容することによって、相続財産や身分を再生産するのにうってつけの、単なる道具になっているのだ。

共通の利益を独占し続けるため、お互いに支えあい、気を配りあい、新参者を選考しあい、育成しあうその世界では、誰もが思考停止に陥ってしまう。

持ちつ持たれつのその世界で、マクロンは崩壊しつつある国家システムを再生させることのできる理想の大統領候補として現れた。それはしかし、彼らがマクロンに奉仕した分を奉仕されるためであり、マクロンが限りなく略奪しようとしている国家装置の信頼性を保証して、この国家システムを延命させるためである。

大統領に選出されたものの、張子の虎に過ぎないマクロンは、見かけこそ新しい存在だったが、族内婚的な諸関係からエドゥアール・フィリップを首相に任命したことが非難され、その影響力にダメージを受けた。

44

こうしたことについて話すためにどこから始めたのだろうか?

リュドヴィック・シャケールだ。彼はフィリップがル・アーヴル市長になったとの同じ年にシアンスポのアジア太平洋センター長に任命され、リシャール・デコワンの後任者としてマクロンが立ち上げた政党《共和国前進》の第一書記に就任した。そしてローラン・ビゴルニュだ。彼はシアンスポの責任ある地位にいたとき、何のために、誰によってエドゥアール・フィリップの妻が登用されたのかを、われわれに説明することを拒否した。

それゆえ、シャケールは、デコワンによって登用され、デコワンとビゴルニュ、すなわちフィリップのネットワークとエムリアンのネットワークとのあいだの接点を作り出した後、新しい大統領から「親衛隊」の創設を任されたのだ。

リュドヴィック・シャケールは、アレクサンドル・ベナラと無二の親友だった。ベナラはあらゆる当事者との親密な関係を守り、彼らを脅かしそうな人々を掌握して国家の最高位に上り詰めた人物である。(90)

私もそうした標的のひとりだった。

リュドヴィック・シャケールは、われわれをこうした事案すべてが合流する結節点へと導く影の役割を果たしている。その結節点とは、マクロンの口の堅い「特別顧問」であるイスマエル・エムリアンである。

イスマエルは、ハヴァス社で働き、そこで彼の連れ合いと出会った。その後、彼は経済大臣、そう「われらが」経済大臣〔マクロン〕の力で彼の前の雇用主〔ハヴァスの社主〕に競争入札なしで三〇万ユーロ以上の取引を提供した。それはラスベガスのイベントでマクロンの非公式な大統領選挙キャンペーンを開始するためだった。そのイベントの唯一の目的はメディアの注目を集め、未来の大統領の名前を世に知らしめることだった。

こうした戦略は、国家機関である「ビジネス・フランス」という共犯者を使った策略のおかげでゼロからつくられた。本来の役割を逸脱した仕事にお墨付きを与えたのはこの機関だ。当時のトップはミュリエル・ペニコー(91)だった。

まだ触れていなかったが、イスマエル・エムリアンは、ジャン・ジョレス財団が企画したローラン・ファビウスの中南米旅行の準備中にマクロンと出会った。エムリアンはファビウスの旅行に同行することになっていて、一方マクロンはこの頃ファビウスに仕えていたのである。したがって世間で言われているのとは違い、マクロンとエムリアンとの最初の出会いはチリではなかった。

ジャン・ジョレス財団は当時、ハヴァスで調査部長をしていたジル・フィンシェルスタインによって運営されていた。ハヴァスはヴァンサン・ボロレに買収されていた。ハヴァスは、以前そこの職員だったイスマエル・エムリアンがお膳立てした数々の新規契約を取り結んでいた。それはのちにミュリエル・ペニコーの仲介によって行なわれたが、彼女はすべてが内密に行なわれているか確認するため秘書に念を押していた。こうしたすべては政府の名の下で行なわれた。

結局、すべてはそういうことなのだ。

45

この世界では、能力は二の次だ。というのは、諸個人は自らの自立を奪い取る忠誠—反忠誠のネットワークによって条件づけられているからである。

エドゥアール・フィリップの妻、エディット・シャブルは無名の私立の法律学校を出た後、シアンスポのリール校で学位を取得している。そして彼女は、夫がシアンスポのル・アーヴル・キャンパスをつくるため多額の援助を与えることを決めた二年後に、同学院の絶大な権力を持つ法務ディレクターに就任している。

ナディア・マリクは行政裁判所の司法官だった。そして彼女は、未来の連れ合い(リシャール・デコワン)によって登用された後、シアンスポの副校長になった。デコワンはＥＮＡの口頭試験で彼女を審査した人物だ。次いで彼女はパリの名士の援助で Teach for France のトップになった。それは、ローラン・ビゴルニュと力を合わせて、マクロン派が推し進めるあらゆることの結節点となるためだった。

リュドヴィック・シャケールはいかがわしい経歴を持つ人物である。アレクサンドル・ベナラ同様、国家のシークレット・サーヴィスを監督し教育する任務を負ったサークルに属していた。

カトリーヌ・ガシエ＝ヴェイユは、Teach for France のトップになる以前は、研究アシスタントをしていたという目立たない経歴の人物である。

エマニュエル・ヴァルゴンについて言えば、その政府内への登場は、ナディア・マリク、フィリップ夫妻、ローラン・ビゴルニュ、ブリジット＝テタンジェらとの内輪の交友関係によるものとはいえ、いくらなんでも、ひど過ぎる。とにかく、彼女の任官は本当に驚きだった。それは国家中枢における政治的経歴のない下っ端のロビイストの登用であるだけに心配の種だった。

われわれの人事は正当なものでなくてはならないとし、人事問題にこだわり過ぎだろうか？　というのもジャン＝ピエール・ジュイエの義理の娘が二五歳でケ・ブランリ美術館の副館長に任命されたとき、あまり世の中を騒がせはしなかったからだ。それはジャン＝イヴ・ル・ドリアン――いつの日か弁明するという逃げ口上を弄してマクロン派になった社会党の大臣――の息子が預金供託金庫という最重要ポストのひとつに就任したときも同様だった。それにしても、三〇歳にもならない若者たちが次々と重要ポストに登用されるのは、フランスの新記録と言える。

預金供託金庫、すなわち、退職者の預金と年金、配当金、投資信託の分配金、小口預金によって成り立っている公的銀行では、婿やおじ、おい、祖父母たちがポストを引き継いできた。

能力は錬金術によってどうにでもなるということのようだ。マクロン派は至るところで、「重要ポスト への」登用、愛着、結束を富と権力という基準によって行なっている。しかもそうした基準は寡頭支配者たちがお気に召すかどうかによって決められているのだ。

46

われわれの調査もいよいよ最終段階だ。これらの世渡りの実相や首都パリでの駆け引きを、メディアは修正し、捻じ曲げ、隠蔽してわれわれに伝えてきた。メディアの大半が共犯者に成り下がるか、あるいは活力を奪われ、その社会的な役割を果たすことができていない。もしその役割が果たされていれば、真っ当な人たちはマクロンに取り込まれっぱなしではなかっただろう。まさにメディアの機能の退廃によって、各人は生まれながらに自分の果たすべき役割を見失うに至ったのだ。リシャール・デコワン、国際刑事裁判所の検事、フィリペティ、さらにその他の人たちが代わる代わる私を仲間に誘い入れようとした。私は、彼らは私と同じような考えを持っていると思っていたが、その考えが裏切られたと感じたとき、強引に彼らとの関係を断ち切った。他の者たちは、私のような幸運と強さ、あるいは機会を持たなかった。私はグランゼコールの同期生、クエンティン・ラファイが欲に取り憑かれるのを目の当たりにし、彼との付き合いを断ち切った。そして、ガブリエル・アタルが思考を停止したまま彼らの中に入り込むのを目の当たりにした。

こうしたすべてのことを、体制に従属するメディアはうわべを飾って伝えている。それは、民主主義の争点、政策や公約の問題、そして国民の選択がいかなるものにも勝っているという大衆受けする寓話をわれわれに信じ込ませようとする。

われわれの時代に君臨するこのシステムは、アルノーとニールとラガルデールの三頭政治によって密かに練り上げられ、エマニュエル・マクロンによって選ばれた勇ましい兵士たちの抜擢を担っている。そのなかでもフィリップはこの国の特権階級とブルジョワジーが完全に合体した従順極まりない人物である。彼が選ばれたのはテタンジェとジュイエの紹介によるところが大きい。ミミ・マルシャンと先述の実行部隊がその抜擢に格別の注意を払った。こうしたシステムのなかで、民主主義が浸透する場所を見つけ出すのは困難極まりない。

本書で述べてきた貪欲な一団は、欲望の恍惚のなかでつくられた。そして自分たちの増殖を可能にする活力を提供できそうな謀略好きの若者たちをそっくりさらっていった。

このシステムは幾度となく私をくすぐり、誘惑し、接触してきた。だがその手は通じなかった。彼らと強制的に関係を断つ必要があった私は、中央アフリカ共和国と北キヴ州への取材に出発し、辺鄙な場所で教壇に立ち、こうした人たちすべてが搾取した者の根っこへと向かった。たくさんの友人、同僚、恋人、アルザス校［エコール・アルザシエンヌ］の卒業生たちとはまったく異なる道だった。彼らは秘密結社の会員の子弟なのだ。私はそこから抜け出した。一度は虜になったが、そのあと自らの手でわが身を解放した。

［黄色いベスト運動が燃えさかる］一二月一三日に、自身の生き残りがかかる陰鬱なエリゼ宮で、エマニュエル・マクロンが従業員への特別ボーナスの支給を雇用主たちに要請したと発表するのを［テレビで］見た。ニール、ドライ、そしてエムリアンから親切な助言を得てマクロンに救済してもらった

リシャールらが、こうした提案がばかばかしいものであることを隠すために、自ら特別ボーナスの支給を発表することによって、大統領支持を即座に慈悲深く表明するのを見た。

私は、慌てふためく彼らの品性下劣さと憔悴しきった表情を、哀れみを持って見ていた。死んだ目をしたグザヴィエ・ニールがラジオ放送でマクロンを褒め称えた発言は、私に哀しみを抱かせた。マクロンが発表した相続税の改革をガブリエル・アタルが公にしたのは、その二カ月後のことだった。アタルは自分がその発案者であることをかろうじて主張しようとしているが、何もかも彼のはるか上方で決定されたことなのだ。

私は、読者をアミアンのブルジョワジーのネットワークの世界に案内し、エマニュエル・マクロンの父親の悠々自適な暮らしと影響力について伝えることが本書の仕上げに必要だと考えている。エマニュエル・マクロンの父親であるジャン゠ミシェル・マクロンは、医学部教授で、かつてアミアン大学病院センターの主任を務めた。彼に関しては息子であるエマニュエルとの決別や離婚などが知られているが、なかでもトロニュー家との関係が重要である。トロニュー家の持つ資金力にもまして、地域の有力者との協力関係がマクロンの初期の権力を支えるのに決定的な役割を果たした。なかでもジェラール・コロン、ジャン゠イヴ・ル・ドリアン、フランソワ・パトリア、リシャール・フェランらの影響は大きかったが、そのとき彼らの頭にあったのは、マクロンに貸しをつくることだけだった。

こうしたことからグラン・デバ[国民大討論会]が生まれたのだろう。それは、イスマエル・エムリアンの指揮の下、先の大統領選挙キャンペーンでつくることのできなかった地盤を建て直すという絶望的な試みだった。

私は、読者を地方の有力者たちの世界に潜入させたいと考えるようになった。彼らは、結束して高給職を分け合うため縦横に織り成された人脈によって、一時的に《共和国前進》の社会的支持基盤の欠落を補った。私は、この地方の有力者たちがいかにして第二の領地を押さえたかを、そして、マクロン政権によって制度化されなかったために、最初の困難に直面して人脈によるネットワークが崩壊した経緯を伝えたいと思った。

そして、マクロンを支援するため、ローラン・ビゴルニュとデコワン一派、それに『エスプリ』誌、シンクタンク・グループ「テラ・ノヴァ」、富豪のアンリ・エルマン[92]が出資する『ル・1』紙――編集長のエリック・フォトリノはマクロン支持を公言するようになる――を介し、ストロス＝カーンとジャン＝ポール・ユション、ピエール・モスコヴィッシらの人脈が結びつき、このからくりが動き出すことになった発端のすべてをつまびらかにしたいと思うようになった。

「マクロン政権の実体をつくる」ために、いかにして知識人層や政財界の人材が未来の大統領周辺に集められたのか。そして、汚職事件や足の引っ張り合いでマクロンのライバルたちが失脚していくなかで、指名から漏れたエリートたちにどうやってマクロンの指名を納得させたのか。

私が立ち会った数かぎりないエピソードひとつひとつを話さなくてはならなかった。そうしたエピソードのひとつひとつが、ますます独立性を失いつつあるジャーナリストを使って民衆をだまそうとするものであり、中身の空っぽなこの人間を何カ月ものあいだ売り出すことを目的とした複雑な利権の絡み合いを覆い隠そうとするものだった。

私は、リヨンで行なわれた「テラ・ノヴァ」のシンポジウムについて話さなくてはならない。主催者はのちに由緒ある『エスプリ』誌のディレクターになるマルク＝オリヴィエ・パディスだ。このイベントは、ミーティングの体裁をとっていたが、笑いものになることを避けるため土壇場で中止になった。

世論の無理解のなかで生まれた政権のプロパガンダを担ったすべてのネットワークが、どのようにして国家の資金を浪費し、フランソワ・オランドが彼らに約束した職務に見合った報酬を待ち望んだのかを示さなければならないだろう。

そして、野心を実現する資金を入手するためのマシーンと化した内閣官房について説明しなければならないだろう。

経済・財務省の役割についてまず話そう。そこではイスマエル・エムリアンがハヴァス社との入札なしの契約に支払うためだけでなく、マクロンの広報部門を担当する六人の大臣顧問を雇用するためにも国家の資金が浪費されていた。この六人にはさまざまな「出来事」をでっちあげる目的で公権力によって気前よく給料が支払われており、そのうち三人は政府の組織図に記載さえされていない。

次は、大統領候補が九〇〇人から七〇〇〇万ユーロ近い寄付をあっという間に集め、減税の約束と引き換えに、大統領選挙に法に基づいた資金を提供することのできる一大ネットワークを、セジュルネとともに、どうやってつくったのかについてだ。この減税の約束を、マクロンは数カ月後に速やかに果たしている。

ブリュノ・テルトゥレの案件についても語らねばならない。彼は、外交戦略を一般大衆に売り込む政策を大急ぎでつくり上げる役割を担っていた。これについては、マクロンの行動との絡みで、大統領選挙のあと、『ル・モンド』紙が「独立した」専門家精神を発揮して、良心に従いつつひるむことなしに調査していた。しかし『ル・モンド』の監査役会トップのジャン＝ルイ・ベファは大統領選挙の期間中、マクロンの主要な支援者のひとりだったし、寄付や支援を手にするため「ル・プティ・パリ」で盛んに運動していた。一方、『ハフィントン・ポスト』の編集長アンヌ・サンクレールは――彼女は、言わずと知れた［ル・モンド・グループ］社長のルイ・ドレフュスに指導を受けていた――同紙の編集方針が独立しているといまだに信じている読者に何ら説明もせず、未来の大統領を支援することを約束するためアンリ・エルマンと話し合っていた。『ル・モンド』のずっと前の監査役であるアラン・マンクは、『ル・モンド』内部でエドウィ・プレネルの大きな後ろ盾へと変貌していたが、後にエマニュエル・マクロンを支持することで、彼は新聞を売却した時点で『ル・モンド』の編集者組合を裏切った。そして、ジャック・アタリはミッテラン以来、彼があらゆる政権下で行なったことだが、こうしたメディア空間の「監察官」の役目を果たした。

特定の人々に奉仕する大統領候補がどのようにして作り出されたのかを詳細に理解するには、こうしたすべてを明らかにしなくてはならなかった。この大統領候補は、自主的に動くことも、ひとつの考えを作り上げることもできないが、自分を高く売りつけることだけはできる。予審判事ポストの配分から交渉権の割り当てまで行なって、このシステムを割のいい商売として維持しようとする彼らの謀略のすべてをこと細かに述べることが必要だった。一方、情報から締め出され生気のない大衆は、耐え忍び、略奪され、精根尽きてしまったかに見えたが、ついに立ち上がったのである。

最後に、私がその昇進について詳述してきたマクロン派の「末端の兵隊たち」が、いかに尊大で言語道断な自信に満ちあふれた振る舞いをしているのかについて語るべきだろう。彼らは自分たちがここまで略奪し息切れさせ、損害を与えてきた人々を精神的に押しつぶそうとしている。しかも彼らは共和国を自ら体現していると主張しているが、その共和国はまさに彼らが盗み取った共和国なのだ。

これは、敗北した戦いを、再度、民主主義によって戦い抜くことでもある。

彼らは腐敗したのではない。腐敗そのものなのだ。エリートを次々と再生産するメカニズムによって、能力のないブルジョワジーを特権階級に仕立て上げることによって、フランスはすっかり脆弱になった。気取っていて傲慢な者、平凡で腹黒い者の国にしてしまった。合法性を尊重する振りをして、自らに行き過ぎた権限を与えるための隠れ蓑にしてきた人々は、約束や献身などは意に介さない。考えてみよう。自分たちだけの利益しか頭にない彼らが思想のために身を捧げるなどと考えられるだろうか。何ら正当性のない野心を育み続けることで満足している彼らが、われわれの生活を向上させるなどと考えられるだろうか？

この国のジャーナリズムは、長らく天秤の機能を果たしてきた。左派に寄り添ったり右派に寄り添ったりしながら怠惰と黙認のあいだを揺れ動く振り子のような動きを体現してきた。

指示、裏切り、さまざまな権力闘争が、ときには磐石な共謀の単調さを打ち破ったことから、それを報道するジャーナリズムは一時的に民主主義が残っているという印象を与えてきた。

背後でなされた駆け引きや争点についての情報を伝えられた大衆に、考えるゆとりを保障する共和国の機能が生きているという幻想を持たせることによって、ジャーナリズムは一時的に民主主義が残っているという印象を与えてきた。しかし、エマニュエル・マクロンの「同時に」というスローガンが民主主義の有効な原則を骨抜きにした。

隷属状態がシステム化され、変化する見込みはないとしたら、すでに起きてしまったこともさることながら、これから起きるであろう恐るべき結果が想定される。

寡頭支配者の罷免と、議会体制の深化によって民衆に民衆自身の道具を取り戻させることができるような制度的大転換を、人々に呼びかけずにいられようか。

今のところ、《国民連合》という「秩序」党――この党はすでにエリートたちに忠誠を誓っている――による政権奪回という選択肢しか見当たらないために、ますます独裁色を強めているこの権力に対して、別の選択肢を見つけなくてはならない「マクロン派は《国民連合》という右翼政党を作為的に主要な敵として設定して、国民を自陣営に引き入れようと画策している」。

マクロン大統領は、自らの脆弱さと、彼を大統領に祭り上げた人々の利益を守り続けること――彼が否定してはいても――のむずかしさを意識しながら、キャンペーンを再開した。「とてつもないエネルギーを浪費しながら、大統領は人心を惑わそうとしている。だが、彼の周辺ではすべてがぐらつき、崩壊し始めている。そしてマクロンの黄昏をめぐる闘争が始まっている。

今や、マクロン体制に黄昏が訪れたことを明らかにする時なのだ。お前たちをつぶしてやるぞと脅迫する権力に対して、立ち上がるべき時なのだ。

訳者あとがき

本書は以下の本の全訳である。

Juan Branco, *Crépuscule*, Au Diable Vauvert/Massot Éditions, Préface de Denis Robert, 2019.

原著のタイトルは、そのまま直訳すれば『黄昏』となるが、それでは素っ気なく曖昧なので、本書の内容に鑑みて、『さらば偽造された大統領――マクロンとフランスの特権ブルジョワジー』としたことをお断りしておきたい。

周知のように、二〇一八年一一月から本格化したフランスのマクロン政権に反対する「黄色いベスト運動」は、一周年の二〇一九年一一月になっても収まることを知らず、フランス社会はますます混沌たる様相を呈している。当初、本書の著者ホアン・ブランコは、「黄色いベスト運動」と並走しながらブログで独自の情報発信を続けていた。そして、「序文」を書いているドゥニ・ロベールによると、「[二〇一八年]一二月末には、彼のテクストのダウンロードは一〇万回を超え、彼の登場するいくつかのビデオの視聴は二〇〇万回にのぼる」という状況が生み出された[二〇二〇年二月現在、電子版のダウンロードは一〇〇万回を超え、本の売り上げは数十万部に達しているという]。

ホアン・ブランコは『ウィキリークス』のジュリアン・アサンジの弁護士としてつとに知られてい

たが、ドゥニ・ロベールは、このブログに強い関心を抱いてホアンに接触し、これを書物として刊行することを勧め、自らも出版社を探す。しかしロベールの意に反して、大手を含むほとんどの出版社が最終的に拒絶し、まったく名もない二つの弱小出版社の協力で刊行されることになった(このあたりの経緯は「序文」にくわしく書かれている)。

では、なぜ大手の出版社はこの本の刊行を拒否したのか。これこそまさに本書でホアンが微に入り細を穿って暴露しているマクロン体制の一端を示す現象にほかならない。すなわちフランスでは、いまや出版社にかぎらず、新聞や電波メディアなどほとんどの大手メディアならびにジャーナリストが、マクロン体制に組み込まれて体制翼賛機能を果たしているということである。ちなみに、このメカニズムは本書で克明に解析されていて圧巻である。付言するなら、私は日本でも同じようなメカニズムが働いているのではないかと随所で感じた。その意味で、日本のジャーナリストにとっても必読の書であろう。

いささか先走って本書の内容に触れたが、この本は、フランスの一部ブルジョワジーが、エマニュエル・マクロンを自らの寡頭支配の操り人形にすべく画策し、それが功を奏してマクロンの大統領就任後、いかにフランス社会を私物化し窮地に陥れているかを克明に描き出した調査ジャーナリズムの傑作である。

私は二〇一九年三月に『ele-king 臨時増刊号　黄色いベスト運動——エリート支配に立ち向かう普通の人びと』(Pヴァイン発行)という日本で出版された「黄色いベスト運動」についての当時唯一の本の書評(『図書新聞』二〇一九年五月二五日号)の〈追記〉に以下のように記した。

三月に刊行された一冊の本が話題になっている。ジュアン・ブランコという「黄色いベスト運動」のインテリ代弁者のひとりで、ウィキリークスのジュリアン・アサンジの弁護をしたことでも知られる二十九歳の弁護士が書いた『黄昏』という内部告発的実録である(「黄昏」とはマクロン大統領の「終わり」を暗示する)。この本は、マクロンはフランスの一部ブルジョアジーと学歴エリートがおのれの特権を守り拡張するために時間をかけて周到に準備して作った大統領であること(もちろんマクロン自身もその気になって)を余すところなく暴露した内容である。ブランコ自身がこの寡頭体制の実行部隊に組み込まれかけて離脱した「裏切り者」でもあるために、その内部事情の記述は詳細を極め、きわめて信憑性が高い。この寡頭体制はフランスの伝統的エリート校の学閥システムとネオリベ資本家のシンジケート的結びつきを梃に、財界のみならず主要メディア(『ル・モンド』『リベラシオン』などの新聞や公共テレビ放送などを含む)をも手中におさめ支配体制を確立した。今回の「黄色いベスト運動」に対しても、主要なテレビ・新聞は、むしろ「黄色いベスト運動」に対して批判的な論調を貫き、当然取り上げてしかるべきこのブランコのベストセラー本も無視し続けている……この本は、マクロンを「看板」にした現代フランスの寡頭体制の政治が、絶大な権限を持つ大統領を「隠れ蓑」にして、権力と公的システム(財源や行政措置)を私物化し私利私益を追求する取り巻き部隊が遂行していることを、とくに人間関係について微に入り細を穿って(誰と誰がいつどこで会ってどんな話をしたかに至るまで実名入りで)あばきだしている。この本の帯には「彼らは腐敗したのではない、元々腐敗していたのである」という惹句が記されている。ブランコはこの体制を変えるには、「下からの民主主義の再構築しかない」と結んでいる。この本を読んでいて、われわれの住む国の政権も、フランスの現政権とまんざら無縁ではないと感じた。

私としてはこの「あとがき」で、この本についてこれ以上詳細な解説を盛り込むことは差し控えたい。こんなに面白くてためになる本を読む喜びを読者から奪いたくないということだ。その代わりに、この本の翻訳刊行にまつわる周辺的エピソードについて、思いつくままいくつかのことを以下に記しておきたい。原著の成り立ちについてはドゥニ・ロベールの「序文」を参照していただければ十分である。

まず特筆しておきたいのは、著者のブランコが二〇一九年の秋に突如来日し、私は一〇月二日に岩波書店で編集者の押川淳氏ならびに共訳者の二人とともに彼と会う機会を得たということである。数時間ではあったが、さまざまな話をした。私も半世紀以上フランス人とつきあいがあり知己も少なくないが、三〇歳になったばかりの（ホアンは一九八九年八月二六日生まれ）この若者の経験と博識と情熱に触れて、これまでこういう類稀なフランスの青年に会ったことはないと感嘆した。

そもそものときブランコがなぜ来日したかというと、父親のパオロ・ブランコという知る人ぞ知るポルトガル出身の映画プロデューサーが「レオナルド・ダ・ヴィンチ芸術賞」というアーティストに与えられる国際的な賞を受賞し、つくば国際会議場での受賞式に出席するために来日するので、自分もそれに合わせて「親孝行」のためにやってきたということだった。それはともかく、ブランコ自身、父親はポルトガル人、母親はスペイン人（精神分析医）、そして自身はフランス育ちという、いわば典型的な〈ラテンミックス〉である。話の途中、彼のファーストネームの呼び方の話になり、フランス語発音では「ジュアン」となるが、民族的出自の発音では「ホアン」となる。私のパリの友人たちも、ジュアンと言う者もあればホアンと言う者もあるから、日本語版の著者名の表記はどちらにするかという問いかけをしたら、彼は即座に「ホアン」が好ましいと言ったのであった。些細なエピソードかもしれないが、この彼の反応は、この本の衝撃性とも無関係ではなかろう。彼はフランスのエリート社会の奥深くに入り込みながら、民主主義精神と背反するその異様な生態を目の当たりにして、「フランスの民主主義精神」に立ち返ることによって「フランスの支配体制」と決別することを決意したのである。そこには自分の民族的出自も絡んだフランスに対する複雑な内面的愛憎劇があっただろう。政治エリートと金満ブルジョワジーの共謀の有り様を執拗に描き出すホアンの底無しのエネルギーは、そうした自分自身の内面ドラマを乗り越えるときに蓄積されたのではないかと、私には思われる。

ところで、私がこのホアンの本を翻訳するきっかけになったのは、二〇一九年五月にパリ在住の長年の友人である呂明哲さんが、来日にあたってマクロン批判の書物を何種類か持ってきてくれたことだった。そのなかには、本書以外に、本書でホアンも引用しているマルク・エンデヴェルドの本（Marc Endeweld, *Le grand manipulateur*, Stock）と並んで、「夜立ち上がる運動」の牽引者のひとりでマクロンと同じアミアンのリセ出身のジャーナリストで国会議員のフランソワ・リュファンの本（François Ruffin, *Ce pays que tu ne connais pas*, Les Arènes. この本の原題は直訳すると、『君［マクロン］の知らないこの国』

だが、『裏切りの大統領マクロンへ』というタイトルで新潮社から刊行されている)、アタックが中心となって編集した本(attac/fondation copernic, *L'imposture Macron*, LLL)、そしてホアン自身が二〇一八年に出版した本(Juan Branco, *Contre Macron*, Éditions Divergences)などがあったが、私はざっと読み比べてみて、マクロン体制の奥座敷の具体的細密描写や、その生々しい姿を一種文学的に処理する独自の作風などから、本書に読物として他の追随を許さない斬新さを感じ取った。

一般に社会的ジャーナリズムの新しい表現作品の質を特徴づけるのは、「未知の情報の記載量」と「社会現象への新たな切り口」の二つであると思われるが、ホアンのこの本は、それに加えて、「未知の情報と既知の情報をつなぎあわせて全体像を仕立て上げる」(この本の場合マクロン寡頭支配体制の全体像)という第三の特性を備えている。その点で、本書は並みのジャーナリストにはとても遂行できない調査ジャーナリズムの白眉であると言えるだろう。随所に私情を交えた「過剰とも言える突っ込み」も見られるが、それがまた魅力ともなっている。文体は客観的情報と独自の判断が入り組んだ長文が多く、私が冗談まじりにプルーストのような文章だと言ったら、まんざらでもない顔をしながら、阿片を吸って吐き出すように書いたと返してきた。なるほど、マクロン体制の密室の空気をいったん吸い込んで吐き出したホアンにぴったりの表現だと感心した。

ホアンは来日時に、小さな本を三冊たずさえてきて進呈してくれたが、ひとつ目は前著(*Contre Macron*)の文庫本、二つ目は本書の文庫本、そして三冊目は、なんとホアン・ブランコについて女性ジャーナリストがインタビューをまじえて書き下ろした一種の「ホアン・ブランコ論」であった(Mariel Primois Bizot, *Signé Branco !: comment Crépuscule est devenu un symbole de résistence*, Au Diable Vauvert)。

驚くのは、ホアン・ブランコ著の二つの文庫本が大手出版社から刊行されていることである。前著の文庫本はプロン(Plon)、本書はポワン(Points＝Le Seuil)で、刊行は共に二〇一九年一〇月と記されているので、ホアンはできたてほやほやの文庫本を持ってきてくれたということだ。いずれにしろ、本書は、この手の本にはめずらしく、半年足らずで一〇万部を超えたベストセラーになったので、あっという間に大手が手を出して文庫本になったということだろう。さすが大手出版社、なにはともあれ商機を逃さない、ということか。

ホアンはこの文庫本のために新たに書き下ろした「あとがき」(二〇一九年七月執筆)の冒頭に次のように記している。「二〇一八年一〇月、このテクストが最初に書かれてから[ホアンがこの本の元になったブログを書き始めた時期のこと]、一万人の人々が逮捕され、二〇〇〇人以上の人々が負傷した。そのなかで一三人が命を失ったが、数十万人の人々が自らの尊厳を守るために立ち上がった」。ここにホアンの「黄色いベスト運動」に寄せる思いが凝縮している。

先に触れたホアンについての本のタイトルは『ブランコという印――「黄昏」はどのようにしてレジスタンスの象徴になったか』であるが、そのなかで著者の女性ジャーナリストは、ホアンを正義の味方ゾロ(「怪傑ゾロ」)になぞらえている。なるほど言い得て妙である。日本名として付加された「怪傑」とは「非常にすぐれた力を持つ不思議な人物」と辞書にある。ホアンと「黄色いベスト運動」との深い結びつきは、この本を「黄色いベスト」を着た連中が、彼らが占拠するロン・ポワン(円形交差点)で「手売り」していたという事実からも窺える。また警察が追跡するマクシム・ニコルという「黄色いベスト」の戦闘的活動家を一週間自宅に匿っていたというエピソードも知られている。

ここ数十年ネオリベラル資本主義が世界中を席巻するなかで、政治的動向の鍵を握るのは、「右」と「左」の対抗関係ではなく、「上」と「下」の対抗関係であると言われてきた。「黄色いベスト運動」はブランコのような「上」からの「離脱者」と「下」の「はずれ者」とが結びついた希有な運動であるが、ひとつ心配なのはホアンの「保安」である。これほど詳細に権力内部の近親相関図を実名入りで公表したら、権力からどんな攻撃が加えられるかわからない。来日時、ホアンが「マクロンは私をなんとしてでも投獄したがっている」と洩らしたことが思い浮かぶ。それと同時に、「序文」を寄せているドゥニ・ロベールのことが私の脳裡をよぎった。ロベールはかつて調査ジャーナリズムの雄として、主にタックス・ヘイブンや政治家の脱税汚職など、金融マフィアの内情を暴露する調査活動をしていたが（ホアンのこの本にも出てくる「クリアストリーム事件」についての調査本でも有名）、権力シンジケートから無数の脅迫や訴訟を仕掛けられて、長年「不能状態」に陥っていた。そのロベールが、ブランコのブログを読んで息をふきかえし、ホアンのために奔走したということだ。耳にはさんだところでは、この本の出版後、ホアンに対する訴訟を準備しかけた者たちが相当数いたらしいが、途中であきらめたということである。そのこともまた、本書の内容の信憑性を保証する印であると言わねばならない。

文庫本の「あとがき」についてもうひとつ触れておけば、ホアンはこのなかで寡頭支配者たちのさらなる隠微な不正を続々と列挙しているが、そうした記述の主たる情報源についても言及している。それは、寡頭制に組み込まれて身動きが取れない状態に拘束されてはいるが、支配者たちの不正を快く思っていない末端の人々である。権力はどこかから水漏れするということであろう。

ホアンは、話している最中に、日本語版が出たあかつきには、来日して講演したいという希望も述べた。できたら是非実現したいものである。本書が日本の権力構造の分析にもおおいに役立つものであることを、読者の方々も納得されるであろう。

最後に、翻訳作業について。ドゥニ・ロベールの「序文」は私が訳し下ろし、本文は前半（第三章＝二〇節まで）を出岡良彦氏、後半を川端聡子氏が翻訳したものを、私が入念に手を入れて完成した。先にも述べたように、一筋縄ではいかない文体なのと、おびただしい数のしかも多様な固有名詞が頻出するため、三人とも結構苦労の多い作業であった。

最後の最後になったが、岩波書店の押川淳さんに、突然の翻訳企画の持ち込みの話にもかかわらず、誠実かつ迅速に対応していただき、本訳書の実現の推進力となっていただいたことに心からの感謝を捧げたい。

二〇二〇年二月

杉村昌昭

〈追記〉　ホアンは最近、以下の書物を刊行したことを伝えてきた。
Juan Branco, *Assange—L'antisouverain*, Cerf.「われながら誇らしく思うアサンジ論」とのことである。

注

序文

（1） この点については以下を参照のこと。Serge Halimi et Pierre Rimbert, « Lutte de classes en France »『ル・モンド・ディプロマティーク』二〇一九年二月。これはブリュノ・ジュディ、エルヴェ・ガテニョ、セバスチアン・ル・フォル、ベルナール＝アンリ・レヴィなどフランスのメディアの「論説官僚」の垂れ流した悪質な文言を点検したものである。

（2） Denis Robert et Catherine Le Gall, *Les Prédateurs*, Le Cherche-midi, 2018.

（3） 二〇一八年一二月二一日、ホアン・ブランコはダニエル・メルメの放送番組『là-bas si j'y suis』［現場ルポを得意とする番組］に招かれた。この三〇分ほどのインタビューはすぐに一〇〇万回以上視聴された。

（4） Christian Eckert, *Un ministre ne devrait pas dire ça...*, Robert Laffont, 2018.

第一章

（5） 二〇一八年一二月四日の『YouGov』(https://fr.yougov.com)のアンケートによる。調査は二〇一八年一二月四日から五日、一八歳以上のフランス人から抽出された一〇〇五人を対象に行なわれた。回答者の四八パーセントがエマニュエル・マクロンの辞任を、五七パーセントが国民議会の解散を望んだ。一カ月後の調査では、二人にひとりが憲法改正を要求した。トマ・ロマナシによると「半数のフランス人がエマニュエル・マクロンの辞任を望んでいる」。『キャピタル』二〇一八年一二月五日(ウェブ版)を参照。

(6) マクロンのメイクについては、ラファエル・バケ、アリアヌ・シュマン、ヴィルジニー・マラングルによる『ル・モンド』二〇一八年一二月二二日(ウェブ版)の記事「黄色いベストの危機以来、非公開生活を続けるエマニュエル・マクロン」を参照。

(7) この問題は、ことの重大性を考えられないメディア、政党の両者に関わる。《不服従のフランス》は自身の党改革に追われ、あと先を考えずに国民議会の解散を求めるだけである。《国民連合》は混乱し、「第五共和政の尊重」を求めている。そのほかは取り上げるに足らない。

(8) 『Challenges』(https://www.challenges.fr/)によると、二〇一六年の資産三〇三億ユーロに対して二〇一八年は七三二億ユーロと、二年足らずのあいだに倍になっている。

(9) 「LVMHはフォンダシオン・ルイ・ヴィトンの建設によって五億一八〇〇万ユーロ節税した」『Le Revenu』二〇一八年一一月二八日(ウェブ版)。

(10) 『Closer』の計算によると、三回に二回はルイ・ヴィトン製で、事実上最強の広告塔になっている。ただその場合も、かなりの気を遣ってのことである。バルマンのデザイナー、オリヴィエ・ルスタンの友人として、LVMHグループ以外の服を着ることもある。

(11) グザヴィエ・ニールの資産は、フリーの株価が暴落しベルナール・アルノーと出資した新興オーディオ会社デヴィエレとの提携に基づく新製品の発売によって損失の穴埋めを試みたあとの二〇一八年、六八億ユーロにのぼった。

(12) ハーバード大学と長らくライバル関係にあるイェール大学は、フランスの高等師範学校と契約し、毎年選ばれた四人を現地講師として受け入れている。数十年前に結ばれたこの契約は、双方の国の「リーダー」となるべき人物を相互に養成し、知的エリート間のつながりをより強いものにしている。これは一方で、二〇歳にして社会学的に差別が激しいグランゼコールに入学できるほど恵まれなかった者たちと、競争に出遅れたのを取り戻そうとする者たちとのあいだの溝を深めている。

(13) 私は不安だったのでニールにもナタリー・ヌゲレドと会うとは言っていなかった。しかしそんな用心はこの世界ではほぼ無用であることがあとでわかる。何年かのちに『ル・モンド』編集部の主要人物ラファエル・バケに自分がル・モンド社に雇ってもらえるか聞いたところ、ニールに会いに行くよう勧められたからである。

(14) ベルジェも表現の自由など気にかけない人物だったので、ベルトラン・ボネロ監督の映画『サンローラン』に対してベルジェがかけようとした検閲を解くため、私は彼と激しく対立した。すると自分の名声を脅かし批評家からおおいに評価されそうなこの作品をなきものにするため、同じテーマで異なる作品を制作することになった。このいきさつについて『ル・モンド』は沈黙していた。

(15) クイック事件については次を参照。Denis Robert et Catherine Le Gall, *Les Prédateurs*, Le Cherche-midi, 2018.

(16) ル・モンド社の株主が密かに練った陰謀によって、これまでで最も臆病な経営陣のひとりジェローム・フェノーリョがナタリー・ヌゲレドの後任となった。しかしそれまでにフェノーリョはヌゲレドから権力を奪おうとしたり、ル・モンド社の株主から編集長の座を「提案」されながら編集部から拒否されていた。最後はグザヴィエ・ニールがフェノーリョを編集長候補として後押ししたことで、編集部の独立性と監督権は失われニールの方針に従うこととなった。

(17) オード・ランスランのホアン・ブランコとの対談「マクロン、あるいは権威主義の傾向」『là-bas si j'y suis』二〇一七年七月一八日(ウェブ版)。

(18) ベルナール・スカルシーニは二〇一六年九月二八日、「捜査機密の漏洩」、「斡旋利得」、「公金横領」によりパリ市金融局で取り調べを受けた。転職後の活動についての捜査は今も続いている。

(19) 良くも悪くもフランス政治に多大な影響を与えてきたこの影の人物については、『ル・モンド』の主幹記者ラファエル・バケとアリアヌ・シュマンだけがフランソワ・オランド大統領時代に調査をしたようだが、マクロンが大統領に選出されてからは、ぱったりと口を閉ざしてしまった。その後、同じ『ル・モンド』の記者であるジェラール・ダヴェとファブリス・ロムの二人はそのことには触れず、マクロン賛辞を繰り返すようになった。

(20)『リベラシオン』を参照。この記事が二〇一六年一一月七日、アンリ・エルマンから借りた五五万ユーロでエマニュエル・マクロンがパリのアパルトマンを購入したことを最初に報じた。エルマンはマクロンをモロッコ旅行へ招待したり結婚の立会人になったりしたが、その後は徐々に疎遠にされ、「自分が出資を続ける共和国前進の若手党員に嘆いていた」。Nathalie Raulin, « Décès de Henry Hermand, le bienfaiteur de Macron »『リベラシオン』二〇一六年一一月七日(ウェブ版)。

(21) 第一次、第二次ヴァルス内閣、およびカズヌーヴ内閣で予算担当大臣。

(22) Christian Eckert, *Un ministre ne devrait pas dire ça...*, Robert Laffont, 2018.

(23) 国家の高級官吏職団で、その多くはフランス国立行政学院(ENA)の出身者で占められる。

(24) 二〇一七年五月五日に発生したデータ漏洩事件で、エマニュエル・マクロンの顧問五人の電子メールに起因する。二〇一七年七月三一日に『ウィキリークス』が認定・確認・公開した。

(25) それまで誰も要求してこなかったのに、マクロンは「大討論会」に移民問題を持ち込んだ。しかしそれより前に、フランソワ・オランドが国籍剝奪制度を提案しており、私は初めてカナル・プリュスにテレビ出演した際、それを完全な冒瀆だと言った。

(26) 同紙にアレクサンドル・ルマリエが書いた中身が空っぽでおべっかばかりの人物紹介は、フランスの政治ジャーナリズムの失墜をよく物語っている。

(27) ブリュノ・ジュディ「ガブリエル・アタル:ぼくは国民議会でオレールサンのファンクラブを作った」『パリ・マッチ』二〇一八年八月四日。「ガブリエル・アタル:イングリッド・ベタンクールに会った日」『パリ・マッチ』二〇一八年八月二〇日。「ガブリエル・アタル：マクロン派の若手がブルターニュで休暇を過ごし、ジョスパンに会う」『パリ・マッチ』二〇一八年八月一五日(すべてウェブ版)。

(28) 二〇一八年四月二一日二三時、フランス2で放送。

第二章

(29) 恵まれない階級出身の極めて例外的な成功者が、「それでも成功できる」ことの証明として引き合いに出されるが、今日、社会全体では九割以上を占める労働者階級の子どものうち、共和国のグランゼコールに入学できる子どもは、二パーセント以下でしかないという事実を覆い隠せるものではない。何も知らないがためにモチベーションを高く持って稀に何とか成功した恵まれない階級の出身者が、人より抜きん出てそれまでの悲惨な環境から離れる可能性をもたらすこともできるシステムを熱心に擁護するようになることもある。そのようなシステムの弊害は想像できるだろう。

(30) ピエール・ド・ガスケ「ブイグが映画産業に参入」『レゼコー』一九九二年二月一七日(ウェブ版)。

(31) アタルが自分の名前に入れた小辞「ド」はシアンスポ入学時にはまだあったが、すぐに消えた。ガブリエル・アタル・ド・クーリスのプロフィールは « *L'Association des Science-Po* » (https://www.sciences-po.asso.fr/profil/gabriel.attaldecouriss13)で閲覧可能。

(32) 「マリソル・トゥレーヌの顧問、地方議会では野党に」『パリジャン』二〇一四年四月八日(ウェブ版)。

(33) ガブリエル・アタル「支部長選候補者ガブリエルの政見発表」『Blog des socialistes de Sciences Po』[シアンスポの社会党のブログ]二〇一〇年九月一四日。

(34) ガブリエル・アタル「ただひとりの敵、ニコラ・サルコジに挑む左派予備選の六人のライバル」『オプス』二〇一一年九月二三日(ウェブ版)。

（35）　Sim Bozko, « Election BDE 4/4 – Tabula Rasa : des insatisfaits pour mieux rénover ? »,『la péniche』［シアンスポの学生ネット新聞］二〇一〇年五月九日（ウェブ版）。

（36）「マクロン・リークス」に含まれる何万通ものメールに目を通した末、二〇一七年一二月一日付けでセドリック・オ［マクロンの大統領選挙運動本部副委員長、その後大統領顧問、デジタル担当副大臣］がジャン＝マリー・ジリエ［マクロンの大統領選挙運動本部委員長、その後内務省の特別顧問、国民議会議長の官房長］に宛てたメールにこの情報が見つかった。

（37）クレマン・ペトロー「ステファン・セジュルネ、マクロンの目」『ル・ポワン』二〇一七年一〇月一二日（ウェブ版）に、「セジュルネの名を口にしただけで、与党議員の誰もが青くなるか震えだす」とある。

（38）ラフェは同級生だったユゴー・ヴェルジェを二七歳で「アメリカ担当顧問」に任命し、ヴェルジェは二度の研修しか職業経験がないのに、のちにマクロンの大統領顧問となるオーレリアン・ルシュバリエとともに、トランプ政府との関係を担当することになった。こうしてヴェルジェは、ベルナール・アルノー、クリスティーヌ・ラガルド［国際通貨基金専務理事（当時）］、トマ・ペスケ［宇宙飛行士］と並んで、二〇一八年、エマニュエル・マクロンのワシントン訪問に敬意を表したアメリカ合衆国公式晩餐会にフランス代表として招待された五〇人ほどのゲストに加わった。

（39）マクロン陣営の他の幹部も真似をする。オランドの顧問だったセドリック・オはマクロンの側近顧問になり、妹のデルフィーヌ・オをムニール・マジュビの議員補欠者にした。そして、予定どおりマジュビが内閣に入ったため、デルフィーヌは議員となった［フランスでは選挙の際、各候補が自分の補欠者を決めておき、当選した議員が議員の職を辞した場合は補欠者が自動的に議員となる］。

（40）　Macron Campaign Emails, *WikiLeaks*.

（41）「側近を前にして「彼らを選んだのだから」と自慢げに言うように、彼は《共和国前進》の各議員を知っている」(ペトロー、前掲)。

(42) Emma Donada「どの議員がグリホサートの使用禁止に賛成、反対の票を投じたか?」『リベラシオン』二〇一八年九月一七日(ウェブ版)。

第三章

(43) グザヴィエ・ニールは売春斡旋の主犯容疑をかけられていたが、有罪判決を全面的に逃れた。それでも、当時の移送命令によれば、売春活動組織の窓口である peepshows(ピープショー)の主要株主だったニールは、毎週の利益を集金するために車でストラスブールまで行っていたと元スタッフが証言している。家宅捜索の数時間前に、この件に関係する書類がすべて「消失」したことと、ルノー・ヴァン゠リュアンベーク[予審判事]が寛大な措置をしたことにより、グザヴィエ・ニールは「容疑のために」数週間牢屋で過ごしただけで済み、ニールはこの判事に心から感謝をしている。その当時、脱税のために高額の現金を受け取っていたと、ニールは認めている。彼はすでにその数年前、数百万ユーロの申告税額の更正対象になっていた。「資金横領」では執行猶予付き懲役二年の判決を受け、この件でジャーナリストを相手に名誉毀損で五件の告訴をして、そのうち一件は厳しい警察監置の処置が取られたが、すべて棄却されている。

(44) Delphine Cuny「上位一パーセントの富める者が昨年創出された富の八二パーセントを独占」『トリビュヌ』二〇一八年一月二二日(ウェブ版)。

(45) この件は多くのジャーナリストが取り上げているが、利害関係があり、しばしば偏った情報源に基づいている。ギヨーム・シャンポーの記事などはドラマ化の好例である。「フリーを助けるため、フィヨンはサルコジの迷走神経痛につけこんだ!」『Numerama』二〇一〇年一二月二九日(ウェブ版)。

(46) この慣習はマルタン・ブイグ自身が語っている。彼は多くの政治家の前で平然とそれを鼻にかけていたが、パリの「エスタブリッシュメント(特権階級)」を巻き込んだ波乱万丈の争いのひとつで、グザヴィエ・ニールによって糾弾された。このテーマについてはバンジャマン・メフル「TF1の『二〇時』のニュースを使ってロビー活動を行なっているとして、フリーのグザヴィエ・ニールがブイグを非難」『PureMédias』二〇一三年一二月一五日(ウェブ版)が参考になる。

(47) 私もそのひとりで、二〇一四年一月、共和国の若き副事務総長が大統領になるだろう、とニールに告げられた。

(48) ラファエル・バケ「マクロンの羊牧場の狼、〝ミミ〟・マルシャン」『ル・モンド』二〇一八年一〇月二〇日(ウェブ版)。

(49) Marc Endeweld, *L'ambigu Monsieur Macron*, Flammarion, 2015.

(50) グザヴィエ・ニールはパリ市役所に二人の遣いを送り込んでもいる。ひとりはフリー設立当初からの道連れ、ジャン=ルイ・ミッシカで、都市計画を担当している。もうひとりは、パリ市議会では与党である社会党の大物、クリストフ・ジラールで、まさにリーダーとなっているが[二〇〇一―一二年、パリ市文化担当助役]、ベルナール・アルノーという別の寡頭支配者によって雇われ、やがてそれが問題視される。

(51) 同右。

(52) Anouk Passelac「マクロン夫妻の広報顧問、逮捕歴のある元麻薬密売人の正体は?」『La Dépêche』二〇一八年一一月一四日(ウェブ版)。

(53) 「エマニュエル・マクロンはメディアがつくった巨大なバブル」『メディアパール』二〇一七年二月一四日(ウェブ版)。

(54) レア・サラメ、ニコラ・ドモランのドミニク・ド・ヴィルパンとのインタヴュー「トランプはカードを切った、そのカードは何か? それはヨーロッパの分断である」『France Inter』二〇一八年一一月一四日(ウェブ

版）

（55）　Marie Bénilde「［特権階級に］奉仕するために製造されたエマニュエル・マクロン」『ル・モンド・ディプロマティーク』二〇一七年五月（ウェブ版）。

第四章

（56）　アンリ・エルマンの私設秘書であるブリジット・ブルションが二〇一七年七月一二日にピエール・ブルションに宛てた電子メールより（「マクロン・リークス」）。

（57）　民営化における企業秘密に関する法律、均等税、移民税、富裕税廃止、ＣＩＣＥ（競争力強化・雇用促進税額控除）とその他多くのやや控えめな法制度まで、個人の利益を増やすことを目的とした措置はもはや数えきれない。これらの措置は、公的自由の減退と相即的である無処罰のシステムをつくり出した。それは、緊急事態宣言を法治国家に組み込むことなど、常に非難されている一連の法規を通してなされている。

（58）　Vincent Ortiz「いかにしてメディアはマクロン候補をつくったか」『Le Vent Se Lève』二〇一七年二月二日（ウェブ版）。

（59）　Yoann Ferret「エマニュエル・マクロン、グザヴィエ・ニールの前でエコール42アルジェ校開設を発表」『Freenews』二〇一七年一二月七日（ウェブ版）。

（60）　多くの関連記事の中でも、特に以下を参照。Romain Hereros「ジャン＝ジャック・ブルダンの言うようにベルナール・アルノーは本当にエマニュエル・マクロンの〝友人〟か」『ハフィントン・ポスト』二〇一八年四月一六日。Grégory Raymond「大富豪との親密な関係――ブルダンとプレネルは自ら進んで大統領の懐に入った」『キャピタル』二〇一八年四月一六日（ウェブ版）。

（61）　ある新聞の呆れるほど多くの点についての惨めな説明は、われわれの軽蔑にしか値しない。「グザヴィエ・ニールは『メディアパール』の株主か?」『リベラシオン』二〇一七年一〇月二日(ウェブ版)。

(62) ロラン・モデュイ「今日、どのメディアがあえてベルナール・アルノーを攻撃するだろうか?」『EDJ-News』二〇一三年二月二二日(ウェブ版)。

(63) ランスランが《不服従のフランス》から影響を受けていることは、『ル・メディア』の前経営陣の内部に、少なくともわれわれが告発している連中の利権争いと同じような争いを生み出した。

(64) 二〇一三年八月にエルヴェ・ケンプは『ル・モンド』を離れ、新聞報道とのつながりは二〇一三年九月二日を最後に公式に切れた。ケンプは自身が去ったことについて、同紙の経営陣から「ノートル＝ダム＝デ＝ランドの空港建設についてのルポルタージュの制作続行について、重ねて拒否されたこと」が理由だとしている(『ウィキペディア』より引用)。

(65) ブノワ・ダラゴン「フランスのジャーナリズムを買うチェコ人、クレティンスキーとは何者か?」『パリジャン』二〇一八年一〇月二八日(ウェブ版)。

(66) 二〇一六年一一月から一七年二月のあいだにBFM-TVで繰り返し放送されたマクロン候補の討論会での発言は合計で四二六分間、主要な対立候補たち全員の合計は四四〇分間だった。

(67) ベルナール・ムラドは、『リベラシオン』のある記者がドライに「あなたは一四〇億ユーロでSFRを買収するのでしょう、[もっと少ない]一四〇〇万ユーロで『リベラシオン』を買収できますよ」と言ったことを引用し、パトリック・ドライは同情から動いただけなのだと、われわれを納得させようとした。さらには、実際のところパトリック・ドライは[買収した]メディアからわずかな利益しか得ておらず、マルタン・ブイグがドライに抵抗するためあらゆる政治的関係を動員すると脅したあとはそのうちのいくつかにしか投資していないという説明を、私はムラドから受けている。他方、フランソワ・オランドはドライが『リベラシオン』に対して進めた戦術を褒めるのみだった、とムラドは私に語っている。

(68) ベルナール・アルノー「なぜ私はエマニュエル・マクロンに投票するか」『レゼコー』二〇一七年五月五日(ウェブ版)。

(69) カティア・ファシュ＝カドレ「ブリジット・マクロンとLVMHの関係は想像されているよりも古くからある」『マリ・クレール』二〇一七年六月二〇日(ウェブ版)。およびソフィー・レヴィ・アイウン「ブリジット・マクロン：ファースト・レディ、そして……ルイ・ヴィトンの女ボス」『キャピタル』二〇一七年五月九日(ウェブ版)。

第五章

(70) ジョフロワ・クラヴェル「税金の脱出口――マクロンがベルギーへ出国する〝正当な理由〟に言及」『ハフィントン・ポスト』二〇一八年一一月二一日。

(71) アルノーがこの時点で、その気になれば広告クライアントとしての力でメディアを潰すこともできる世界最大のラグジュアリー・コングロマリットの企業主であるのに加え、『パリジャン』、そしてライバル紙『トリビュヌ』が日刊紙でなくなって以後は国内唯一の日刊経済紙である『レゼコー』といったフランスの主要メディアの直接の所有者でもあることに留意。

(72) Laurent Mauduit et Dan Israel「グザヴィエ・ニールの厳重に守られた秘密」『メディアパール』二〇一三年一月六日(ウェブ版)。Laurent Mauduit「グザヴィエ・ニールの秘密(三)：フリー社長が大金持ちになった日」『メディアパール』二〇一三年一月一〇日(ウェブ版)。Martine Orange「グザヴィエ・ニールの秘密(四)：ネットを制するハッカー」『メディアパール』二〇一三年一月一三日(ウェブ版)。Dan Israel「グザヴィエ・ニールの秘密(五)：新『ル・モンド』の共同ドライバー」『メディアパール』二〇一三年一月一四日(ウェブ版)。Dan Israel「グザヴィエ・ニールの秘密(六)：Le Papivore 2.0」『メディアパール』二〇一三年一月一六日(ウェブ版)。

(73) Sylvie Breton「アルノー家とマクロン夫妻の、おそらく長期にわたる友人関係が始まり、パリ一六区にある私立フランクラン高校で友情は深まっていった。ブリジットは同校でフレデリックとジャンの国語教師だった」。「ブリジット・マクロンはベルナール・アルノーの孫たちの国語教師だった!」『Télé-Loisirs』二〇一七年六月二一日(ウェブ版)。

(74)「申し分のない」哲学者だ。何も発表していないし、したがって哲学者として何も評価されなかったのだから。ハッタリもいいところだ。

第六章

(75) すでに指摘したように、ムラドはその後、フランスのバンク・オブ・アメリカのパトロン[法人・投資銀行部門の責任者]に任命され、見事に政権からADP(パリ空港公団)の民営化事業を任されることになる。ムラドは、エマニュエル・マクロンの側近になる前は、パトリック・ドライのグループ企業でメディア部門のトップを務め、フランソワ・オランドの要請によってドライに買われた『レクスプレス』『リベラシオン』の「事実上の」トップだった。ドライは、SFR買収で国から「好意的な中立性」を得るため、ムラドを経由して、マクロンからオランドに紹介してもらった。

(76)「支払い停止状態と「商事裁判所の保護下」にある『ユマニテ』」『ル・モンド』二〇一九年一月二六日(ウェブ版)。

(77) Daniel Vigneron「税金逃れ――ケリング・グループと法制の変化」『トリビュヌ』二〇一八年一二月一三日(ウェブ版)。

(78) François Ruffin「#BDR44:怒りと希望の爆弾、「私はヒーローではない」&わが大論争」『Canal Fi』二〇一九年二月一三日(ウェブ版)。
(79) Pauline Moullot「『キャピタル』のフリーに関する取材記事はM6によって検閲されていた」『Slate』二〇一二年九月二四日(ウェブ版)。

第七章

(80) このイカサマ芸は、エリゼ宮に配属された警備員の総数をごまかすことができる[軍隊や憲兵隊、警察官の]予備役の存在によって許容されている。すべてはエマニュエル・マクロンを「護衛」し、わずかに残存する対抗勢力からの追及を避けるため秘密裡に行なわれている。
(81) 第五共和制では、民間人が大統領首席補佐官執務室に特別任用された前例はない。
(82) Raphaëlle Bacqué, *Richie*, Grasset, 2015.
(83) オランドが自分の後釜として彼に財務監督局のポストを譲った。それはジュイエの手助けをするためであり、彼が再びその職に就くためだった。
(84) ここに、パントゥフラール[グランゼコール卒業生で私企業に就職した者]で弁護士になり、経済・財務省を辞めたマクロンを自分の事務所に迎えたアントワーヌ・ゴセ=グランヴィルの名前を加えてみれば、この出来事はさらに深い意味を帯びてくる。マクロンは「教育分野でのスタートアップ企業」を立ち上げるどころか、多国籍企業が国を相手どった係争に勝って企業民営化の権利を得る手助けをするための顧問として再出発する準備をしていた。マクロンの入閣任命を正式に提言したのはゴセ=グランヴィルであり、マクロンはそのお返しとして預金供託金庫のトップの座を提示した。だが、ゴセ=グランヴィルは、公益を尊重するという彼の主張とは逆に現在の報酬が保てなくなるのを理由にこの申し出を断った。
(85) 地元の整備だけで一一〇〇万ユーロかかり、地元地域圏は六〇〇万ユーロ以上、町村は三五〇万ユーロ以上、市は一五〇万ユーロを出資した。
(86) シアンスポの分校をル・アーヴルに開設すると最初に言い出したのはリシャール・デコワンである。エドゥアール・フィリップから要望があったものの、当初、デコワンはこうした分校の設置に納得していなかった。エドゥアール・フィリップ市長が次のように当時を語っている。「シアンスポにヨーロッパ―アジア課程の創設が必要なのはわかっていた。二〇〇五年に私は説得材料を持ってリシャール・デコワンに会いに行った。最初、彼はあまり乗り気でなかったが、さまざまな地元関係者との面会に動いてくれ、ル・アーヴルのことを理解してくれた。それからは彼が計画を実現に導いてくれた」。Solène Bertrand「議論の的となった大物、リチャード・デコワンにル・アーヴルからのお別れの言葉」『Actu.fr』二〇一三年一月三一日(ウェブ版)。
(87) Marie-Laure Delorme「リシャール・デコワンの最後の秘密」『ＪＤＤ』二〇一七年六月二〇日(ウェブ版)。
(88) Marc Baudriller「マクロンはいかにしてメディアでブームを巻き起こしたか」『Challenges』二〇一六年八月三一日(ウェブ版)。

第八章

(89) この件に関しては、『ル・モンド・ディプロマティーク』二〇一六年一一月号掲載の私のルポルタージュ記事、「アフリカにおけるアレヴァの奇妙な事件」を参照。
(90) 神聖なる価値観という名目でブルジョワジーを先頭に深まったこの親密な関係は、どんな方法を使ってでもマクロン政権を支援するためのものであり、ブルジョワジーを危うくする者を脅迫し、これらのネットワークへの彼らの関与を覆い隠すようにマクロン政権を導き、そして間接的にはメディアをそういう方向に仕向けている。
(91) ミュリエル・ペニコーは、[不正について]何も明らかにしないまま、マクロン政権の労働大臣に任命され、報酬を受け取っている。

（92）　エルマンは秘蔵っ子であるエマニュエル・マクロンを資金面で援助し、マクロンが個人的な醜聞に決して巻き込まれず、国家の頂点でクリーンな体裁を保つことを目指す。

ホアン・ブランコ(Juan Branco)

1989年生まれ．ポルトガル人映画プロデューサーのパオロ・ブランコと，スペイン人の母を持ち，パリで育つ．パリ政治学院，パリ高等師範学校，ソルボンヌ大学などで法学，政治学，文学を学ぶ．教員，弁護士，ジャーナリストとして活動する一方，《緑の党》，《不服従のフランス》などで政治活動を行なった経験も持つ．黄色いベスト運動においては，初期からの支持者であり，逮捕された主要なメンバーの弁護活動も行なっている．また，WikiLeaksの創設者ジュリアン・アサンジの国際弁護団の一員でもある．主な著作に *D'après une image de Daesh* (Éditions Lignes), *Contre Macron* (Éditions Divergences)などがある．また，本書刊行後にアサンジの足跡と運命を辿った大著 *Assange* (Éditions du Cerf)を発表し話題を呼んだ(「訳者あとがき」参照).

ドゥニ・ロベール(Denis Robert)

1958年生まれ．『リベラシオン』紙などを経て，フリーのジャーナリスト，作家として活動している．調査報道を専門とし，贈収賄，国際犯罪組織，地下銀行などを追う．

杉村昌昭(すぎむら・まさあき)

1945年生まれ．静岡県出身．龍谷大学名誉教授．専攻はフランス現代思想．訳書にエリック・アザン『パリ大全』(以文社)，フレデリック・ロルドン『なぜ私たちは，喜んで“資本主義の奴隷”になるのか？』(作品社)，フランソワ・ドス『ドゥルーズとガタリ』(河出書房新社)，フェリックス・ガタリ『分子革命』(法政大学出版局)，『三つのエコロジー』(平凡社ライブラリー)，『エコゾフィーとは何か』(青土社)，ミシェル・テヴォー『アール・ブリュット』(人文書院)，『誤解としての芸術』(ミネルヴァ書房)など多数．

出岡良彦(でおか・よしひこ)

1967年生まれ．三重県出身．翻訳家．2017年から翻訳業を始め，科学技術分野も得意とする．

川端聡子(かわばた・さとこ)

1968年生まれ．三重県出身．校正・翻訳家．主に仏語圏のルポルタージュ記事や音楽関連記事などを手がける．

さらば偽造された大統領
—マクロンとフランスの特権ブルジョワジー
ホアン・ブランコ

2020年4月10日　第1刷発行

訳　者　杉村昌昭《すぎむらまさあき》　出岡良彦《でおかよしひこ》　川端聡子《かわばたさとこ》

発行者　岡本　厚

発行所　株式会社　岩波書店
〒101-8002 東京都千代田区一ツ橋2-5-5
電話案内 03-5210-4000
https://www.iwanami.co.jp/

印刷・精興社　製本・松岳社

ISBN 978-4-00-022970-8　　Printed in Japan